Tassilo III.

kleine bayerische biografien

herausgegeben von
Thomas Götz

HERWIG WOLFRAM

Tassilo III.

Höchster Fürst und niedrigster Mönch

Verlag Friedrich Pustet
Regensburg

Dem Andenken an Friedrich Prinz
und Wilhelm Störmer gewidmet

Inhalt

Vorwort

Mit einer Lebensbeschreibung des fürstlichen, ja königgleichen Agilolfingerherzogs Tassilo III. (748–788) greift die so verdienstvolle Reihe »kleine bayerische biografien« weit über die Süd- und Südostgrenzen des heutigen Freistaats hinaus. Die gegenwärtigen österreichischen Bundesländer zwischen den Flüssen Lech und Enns und vom Arlberg bis zu den steirischen Fischbacher Alpen und den Kärntner Karawanken zählten ebenso zu Tassilos Bayern wie der Großteil Südtirols und der slowenischen Untersteiermark. So ist es kein Wunder, dass man sich diesseits wie jenseits von Salzach und Inn heute noch, wenn auch in regional unterschiedlicher Stärke, gerne an diesen Fürsten erinnert, zumal er ein tragisches Ende gefunden hat. Und Historiker, die sich in zunehmender Zahl diesseits wie jenseits des Atlantiks mit dem mitteleuropäischen Frühmittelalter beschäftigen, kommen an Tassilo ohnehin nicht vorbei, wie der Autor seit seiner in den 1960er-Jahren verfassten Habilitationsschrift aus eigener Erfahrung weiß. Er hat daher sehr gerne das Angebot des Verlegers und des Herausgebers angenommen, eine biografische Annäherung an die Person Tassilos III. zu versuchen.

Es ist aber nicht bloß Fritz Pustet und Thomas Götz, sondern vor allem der Lektorin Christiane Abspacher und der Bildredakteurin Elena Marie Meyer zu danken, dass das eingereichte Manuskript samt Bildvorschlägen die Form eines druckfertigen Buches erhielt. Zu danken ist der Bibliothekarin der Erzabtei St. Peter, Sonja Führer, und dem Bibliothekar des Instituts für Österreichische Geschichtsforschung, Paul Herold. Ebenso seien Karl Brunner und Max Diesenberger für wertvolle Ratschläge und willkommene Korrekturen bedankt.

Eugendorf bei Salzburg,
im Frühjahr 2016

Herwig Wolfram

Vorwort zur 2. Auflage

Dass die Neuauflage des »Tassilo III.« kein bloßer Nachdruck, sondern eine Überarbeitung wurde, ist einer Reihe von Freunden zu verdanken, unter denen Harald Krahwinkler besonders hervorzuheben ist. Seiner erstaunlichen Genauigkeit sind auch die kleinsten Schnitzer nicht entgangen. Was den Inhalt betrifft, ist stärker herausgearbeitet worden, dass Tassilo 887 eine vasallitische Bindung eingehen musste, die von traditioneller, sozial niedriger Qualität war, weshalb er nach eigener Aussage nicht mehr weiterleben wollte.

Eugendorf bei Salzburg,
im Frühjahr 2024

Herwig Wolfram

Einleitung oder das biografische Problem

Tassilo III. muss eine ganz außerordentliche Persönlichkeit gewesen sein, wenn es der Überlieferung, die zum Großteil die des feindlichen Vetters Karl des Großen ist, nicht gelingt, seine Gestalt hinter einer Wand von Vorwürfen und Vorurteilen verschwinden zu lassen. Auch sind die Quellen nicht alle so wortkarg wie etwa die ältesten Salzburger Annalen, die sogar über die Katastrophe von 788 nur mit den sechs Wörtern *Tassilo tonsus est et captus Tassilo*, »Tassilo wurde geschoren und gefangen (wurde) Tassilo«, berichten. Tatsächlich hat die Überlieferung auch andere, dramatischere Aussagen zu bieten, von denen hier einige vorweggenommen werden sollen. Tassilo beherrschte 40 Jahre lang, von 748 bis 788, ein königliches Fürstentum Bayern, das die Zeitgenossen ein Regnum nannten. Er galt den Bayern als »unser höchster Fürst«, nachdem er 763 seinem Onkel Pippin, dem mächtigen Frankenkönig, die Treue aufgesagt hatte und dennoch unbehelligt geblieben war. Er wurde als ein neuer Konstantin der Große gefeiert, als er 772 den hartnäckigsten Aufstand der heidnischen Karantanen niederwarf. All das waren Taten, die Zeitgenossen bewerteten, meist ohne lange über Motive zu berichten. Wenn dies aber geschieht, stammen Tassilos Beweggründe von seinen Gegnern.

Als er 787 auf dem Lechfeld vor Karl dem Großen kapitulieren und eine vasallitische Bindung eingehen musste, hat ihm diese Demütigung, heißt es, das Leben unerträglich gemacht. Danach wollte er zehn Söhne und nicht bloß seinen vergeiselten ältesten Sohn Theodo verlieren, bevor er die Abmachungen mit dem fränkischen Vetter einhielte. Als in Ingelheim die Katastrophe über ihn hereinbrach, soll er selbst seine Mönchung als Konfliktlösung vorgeschlagen, aber gebeten haben, den Rechtsakt nicht vor der Reichsversammlung zu vollziehen. Und nach seinem Sturz war Tassilo für Karl den Großen »der bösartige Mensch, unser Blutsverwandter, der uns das Herzogtum Bayern treulos entzogen hatte«.

Der zu Jahresende 741 geborene Bayernherzog Tassilo III. war ein Agilolfinger, und er wusste auch, dass er diesem Geschlecht angehörte. Es galt wie das der königlichen Merowinger als eine *gens*, als eine militärisch-politische Gemeinschaft, die einem Volk gleichwertig war. Beides kam auf dem europäischen Kontinent nicht häufig vor. Geschlechternamen wurden für gewöhnlich nach einem Spitzenahnen gebildet und zumeist als Fremdbezeichnungen verwendet. Nur selten sind sie auch schriftlich überlieferte Selbstbezeichnungen geworden. In diesen Fällen handelte es sich zumeist um hochrangige Königsfamilien, wie die vandalischen Hasdingen Geiserichs, die fränkischen Merowinger Chlodwigs, die gotischen Balthen Alarichs I. und wahrlich nicht zuletzt die gotischen Amaler Theoderichs des Großen, der für die bayerischen Ursprünge von großer Bedeutung war. In dessen überlangen Stammbaum nimmt nach drei Götternamen ein Amal den vierten Platz als Spitzenahn des Geschlechts ein, »von dem sich die Herkunft der Amaler herleitet«. Obwohl für Tassilo kein vergleichbarer Stammbaum bekannt ist, darf man mit Sicherheit annehmen, dass ein Agilulf der Spitzenahn der Agilolfinger war. Da es mehrere historische Träger des Namens gab, wurden zahlreiche »originalistische« Versuche unternommen, einen von ihnen als Ahnherrn der Agilolfinger zu bestimmen. Abgesehen davon, dass die dabei entworfenen Theorien und Hypothesen einander aufheben, lässt sich mit keinem dieser Agilulfe eine bayerische Geschichte erzählen.

Die Agilolfinger waren ursprünglich ein fränkisches oder franko-burgundisches Geschlecht, das einzige neben den Merowingern, das bereits im 7. Jahrhundert einen Namen hatte. Als in den frühen 620er-Jahren Chrodoald »aus dem edlen Geschlecht der Agilolfinger« bei König Dagobert I. (623–639) in Ungnade fiel und ermordet wurde, geschah dies nicht zuletzt auf Betreiben des »überaus heiligmäßigen« Bischofs Arnulf von Metz und des Hausmeiers Pippin I., die beide als Ahnherren der Karolinger verehrt wurden. Chrodoalds Sohn Fara fand 640/41 den Tod, weil er sich dem Thüringerherzog Radulf anschloss, der erfolgreich seine Eigenständigkeit gegenüber dem Frankenkönig Sigibert III. (633/34–656/57) behauptete. Und auch für diesen Totschlag war ein Vorfahre der Karolinger verantwortlich.[1] Der agilolfingisch-karolingische Gegensatz hatte eine lange Geschichte und begann nicht erst mit dem Skandal um Tassilos Geburt. Die Agilolfinger besaßen jedoch nicht bloß einen hohen adeligen Status im Frankenreich, sondern stellten zugleich auch über 100 Jahre die Könige der italienischen Langobarden.

Tassilo verlor mit etwa sechs Jahren den Vater Odilo und mit 13 Jahren die Mutter Hiltrud. In welcher Weise wurde er dadurch geprägt? Es ist heutzutage eine Binsenweisheit, dass Kindheit und Jugend das Leben eines Menschen maßgeblich bestimmen. Man mag mit Curt Goetz darüber räsonieren, dass »die Jugend das schönste Alter« sei, aber in der Tassilozeit hätte niemand dieses Bonmot verstanden. Die Jugend galt nicht als eigener Lebensabschnitt. Sie war von so geringem Wert und Interesse, dass selbst der sorgfältige Biograf Einhard wohl wider besseres Wissen und dennoch unwidersprochen behaupten konnte, er habe über Karls des Großen Kinder- und Jugendjahre keine Informationen besessen. Aber es ist wenigstens bekannt, dass Karl fünf Geschwister hatte, von denen drei, zwei Schwestern und ein Bruder, im Kindesalter starben.[2] Blieb dagegen Tassilo ein Einzelkind? Die Ehe seiner Eltern dauerte doch noch gut sechs Jahre nach seiner Geburt. Wir wissen es nicht.

Nach dem Tode Odilos übernahm dessen Witwe Hiltrud auf Befehl ihres Bruders Pippin die Vormundschaft über den kleinen Buben, der jedoch nach außen sogleich als vollberechtigter Herzog der Bayern auftrat. Trotzdem verhinderten die Bayern nicht, dass Tassilo mit seiner Mutter in die Gewalt seines Onkels Grifo geriet. Daraus musste er erst durch seinen anderen Onkel Pippin befreit werden, wurde jedoch keineswegs frei. Tassilo blieb unter der Vormundschaft seiner Mutter, nach deren Tod im Jahre 754 der Frankenkönig der unmittelbare Vormund der Vollwaisen wurde. Möglicherweise hat Tassilo seine Mutter geliebt, deren Bruder Pippin sicher nicht. Mehr ist nicht zu sagen.

Tassilo hat seinen Onkel Pippin wahrscheinlich erst auf dem Maifeld von 755 kennen gelernt. Wer hat sich nach dem

Tod der Mutter um Tassilo gekümmert? Männer wie der Graf Machelm und sein Bruder Wenilo dürften die Geschäfte geführt haben. Aber welche Personen standen dem Heranwachsenden wirklich nahe? Überliefert werden nur Haupt- und Staatsaktionen, wie etwa seine Teilnahme an Pippins Feldzug 756 gegen den Langobardenkönig Aistulf. Hatte Tassilo, der Sohn von nichtbayerischen Eltern, Verwandte im Land, etwa aus der Familie Swanahilds, der Geburtshelferin seiner Mutter? Im Jahre 772 bezeichnet sich ein Hiltiprant als Verwandter Tassilos, und noch viel mehr Verwandtschaft sucht man unter den bayerischen Genealogien der Huosi, Fagana und Feringa. Hatte der junge Mann und wenn ja, ab wann eine Friedl, eine Jugendgefährtin, vor der Ehe mit Liutpirc gehabt? Die späte Gründungssage von Kremsmünster kennt einen Tassilo-Sohn Gunther, der auf der Jagd von einem Eber getötet wurde, demnach um einiges älter als Tassilos ältester bekannter Sohn Theodo gewesen sein muss. In der Überlieferung des 8. Jahrhunderts findet sich jedoch kein wie immer gearteter Hinweis auf einen Herzogssohn Gunther. Dessen um 1300 entstandenes, sehr qualitätvolles Hochgrab ist in der Guntherkapelle der Stiftskirche zu bewundern. Da auch Wessobrunn seine Gründung auf ein Jagderlebnis Tassilos zurückführte, dürfte es sich um eine Wandersage gehandelt haben. Allerdings war der Nibelungen-Name Gunther sowohl Teil der karolingischen wie der agilolfingischen Tradition.[3]

Tassilo heiratete eher 764 als 763 mit etwa 22 oder 23 Jahren die langobardische Königstochter Liutpirc. Sie war eine starke Frau, die ihre königliche Abkunft betonte und an der Politik Tassilos tatkräftig mitwirkte. Das Ehepaar hatte vier Kinder, zwei Söhne und zwei Töchter. Theodo war der Älteste und kam wohl schon 765 zur Welt, weil er 777 bereits an der Gründung von Kremsmünster rechtsverbindlich mitwirkte, Theodebert war der Jüngste der Kinder. Im Salzburger Verbrüderungsbuch fehlt sein Name. War er im Herbst 784 noch nicht auf der Welt? Dann wäre Theodebert an die 20 Jahre jünger als sein Bruder und beim Sturz des Vaters ein Kleinkind von kaum mehr als drei Jahren gewesen. Eine derartige »Familienaufstellung« ist zwar möglich. Aber wahrscheinlicher wirkt, dass Theodebert deswegen nicht in die Salzburger Verbrüderung aufgenommen wurde, weil er noch nicht volljährig war und die darin festgelegten Verpflichtungen nicht erfüllen konnte. Zwischen den Söhnen, die wie der Vater alte agilolfingische Namen trugen, hatte das Ehepaar die Töchter Cotani und Hrodrud. Auch Karl der Große hatte eine Hrodrud; sie war sogar seine Lieblingstochter und sollte nach Byzanz heiraten. Wahrscheinlich liebten Tassilo und Liutpirc einander, was von Tassilos Eltern Odilo und Hiltrud mit Sicherheit anzunehmen ist. Ohne Zweifel war Hiltrud eine starke Persönlichkeit und gute Politikerin, da es ihr gelang, Bayern ihrem Sohn zu erhalten, obwohl sie ihr Bruder Pippin bloß aus der Ferne unterstützte. Sie starb als Äbtissin von Nonnberg, doch ist nicht bekannt, ab wann und wie sie dieses Amt ausgeübt hatte.[4]

Wer aber war Tassilo wirklich? Die Antworten auf diese Frage, die die Quellenlage erlaubt, sind karg und lückenhaft. Daher ist nicht nur den Ereignissen seines Lebens nachzugehen, sondern auch die Geschichte seiner Herrschaft, seines Landes und seiner Leute zu erzählen.

1 Die schriftliche Überlieferung

Wer Fragen an die schriftliche Überlieferung stellt, muss wissen, was sie zu bieten hat, woraus sie im Allgemeinen und im Besonderen besteht. Systematisch wird unterschieden zwischen intentionalen und funktionalen Quellen. Intentional sind grob gesprochen alle Quellen, die in der Absicht verfasst wurden, Gegenwart und Nachwelt eine Geschichte im Sinne des Verfassers zu erzählen, wie dies etwa Chroniken, Annalen, Biografien und Heiligenlegenden tun. Die fränkischen Annalenberichte über das Verhältnis Tassilos zu Pippin und Karl dem Großen sind dafür gute Beispiele. Die intentionalen gelten auch als historiografische Quellen. Und dann gibt es die funktionalen oder administrativen Quellen, allen voran die Urkunden und ihre Bearbeitungen, die gerade im Bayern des 8. und 9. Jahrhunderts eine besondere Blüte erlebten. Urkunden wollen ein Rechtsgeschäft für Zeit und Ewigkeit regeln, aber keine Geschichte erzählen. Sind sie echt und datiert, vermitteln sie dem Historiker verlässliche Daten für seine Aufgabe, daraus Fakten zu machen.[5]

CHRONIKEN, ANNALEN, HEILIGENLEGENDEN

Aus dem 7. Jahrhundert reicht in unsere Epoche die sogenannte Fredegar-Chronik, deren Überarbeitungen und Fortsetzungen bis zum Tode Pippins I. im Jahre 768 geführt wurden. Dann sind die vielfältigen fränkischen Annalen mit den späteren offiziösen Reichsannalen an der Spitze zu nennen, die das Bild Tassilos in den schwärzesten Farben malen und es für die Nachwelt nahezu bis heute verdunkeln. Gegenüber den karolingischen sind die bayerischen, besonders die in Salzburg und Regensburg entstandenen Annalen quantitativ und qualitativ von geringerer Bedeutung. Wie Ian Wood und Max Diesenberger gezeigt haben, richteten sich die Legenden dreier bayerischer Gründerheiliger gegen Bonifatius und sein Werk, ohne ihn namentlich zu nennen: Die verlorene Urfassung einer *Vita Hrodberti* dürfte wahrscheinlich schon 746/47 auf Betreiben Virgils von Salzburg entstanden sein. Nachweisbar regte der

Ire seinen Amtsbruder Arbeo von Freising zur Abfassung des Lebens Corbinians an. Nachdem der Bischof die Reliquien des Heiligen um 769 für Freising mit Hilfe Tassilos erworben hatte, entstand dessen Vita entweder noch 769 oder wenig später. Darauf ließ Arbeo die Leidensgeschichte Emmerams, des Regensburger Gründerheiligen, folgen. Die Entstehung beider Heiligenlegenden wird demnach zwischen 769 und 772 angenommen.[6]

Der 1517 zum bayerischen Hofhistoriografen bestellte Johannes Aventin(us) kannte und benützte offensichtlich heute verlorene Quellen zur bayerischen Frühgeschichte, darunter angeblich auch die Schrift eines tassilonischen Hofkaplans namens Creontius/Crantz, der eine *Vita Tassilonis ducis* verfasst haben soll. Wenn diese Information auf Wahrheit beruht, wäre dieses Werk die älteste frühmittelalterliche Biografie, und zwar noch deutlich älter als Einhards *Vita Karoli Magni*, gewesen. Mehr ist dazu nicht zu sagen, weil die Schrift des Creontius, wenn überhaupt Aventin als letzter gesehen hat.

URKUNDEN

Von ganz großer Bedeutung sind die in Freising erhaltenen Urkundenschätze. Darunter befinden sich die Gründungsurkunden für die Klöster Scharnitz und Innichen, während die für Kremsmünster außerhalb der Freisinger Sammlung überliefert ist. Dazu kommen die Urkundensammlungen der Klöster Mondsee und Niederaltaich (*Breviarius Urolfi*) sowie die der Bistümer Passau und Regensburg. Die große Zahl der für Salzburg ausgestellten Urkunden ist in den voneinander unabhängigen Bearbeitungen der *Notitia Arnonis* (788/90) und der *Breves Notitiae* (798/800) überliefert. Die Güterverzeichnisse nennen zumeist nur den Schenker sowie den Rechts- und Sachinhalt der einstigen Schenkungsurkunde. In bestimmten Fällen wichen die Bearbeiter jedoch von ihrem System ab und begannen eine Geschichte zu erzählen, so dass sie intentionale und funktionale Elemente mischten. Obwohl so gut wie keine Originalurkunden erhalten blieben, wäre es ohne diese Überlieferung nicht möglich, eine Geschichte Bayerns im 8. und 9. Jahrhundert zu schreiben.[7]

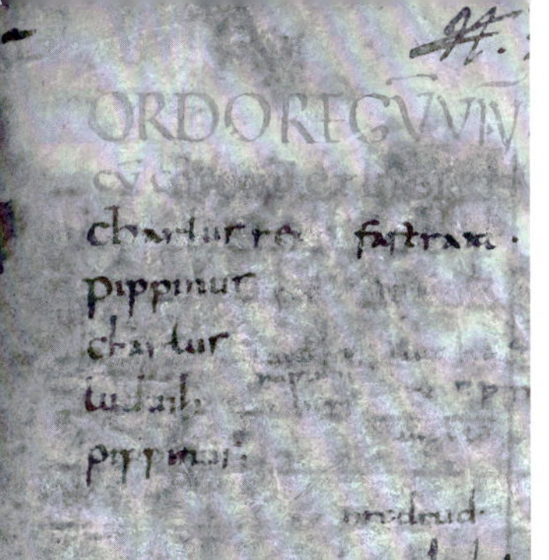

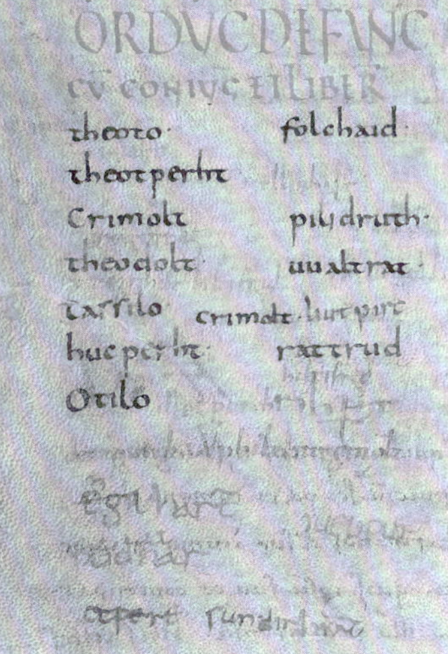

Die Namen der lebenden Herzöge und Könige sowie der verstorbenen Herzöge und Könige im ältesten Verbrüderungsbuch der Erzabtei St. Peter. – Salzburg, 784.

Drei Urkunden Karls des Großen beschäftigen sich nach dem Sturz Tassilos mit Bayern: die Verleihung Herrenchiemsees an den Bischof von Metz im Sommer 788, die Bestätigung der tassilonischen Stiftungsurkunde von 777 für Kremsmünster Anfang Januar 791 und eher Ende 793 als 791 die Bestätigung aller Schenkungen, die »Könige und Königinnen, Herzöge und andere gottesfürchtige Menschen« zugunsten Salzburgs getätigt hatten. Das zuletzt genannte Diplom spezifizierte wohl für Salzburg die generelle königliche Anerkennung des Besitzstandes der bayerischen Kirchen im Jahre 793.[8]

Unter den Rechtsquellen sind zu nennen: die *Lex Baioariorum* und ihre Zusätze, die *Decreta Tassilonis*, erlassen auf den Synoden von Neuching im Oktober 771 oder 772 und Dingolfing, wahrscheinlich 776/77. Die Frage nach Zeit wie Art der Entstehung des Bayernrechts – als Einheit oder in verschiedenen Entwicklungsstufen – gehört zu den schwierigsten Problemen der germanistischen Rechtsgeschichte. Wahrscheinlich hat der Frankenkönig Dagobert I. (623–639) auf die Kodifizierung der »Volksrechte« der Alemannen und Bayern Einfluss genommen; doch gab es wohl ältere fränkische Vorstufen. Die Schlussredaktion des Bayernrechts, wie es heute vorliegt, erfolgte im Wesentlichen erst vor der Mitte des 8. Jahrhunderts. Eine Quelle ganz besonderer Art ist das Salzburger Verbrüderungsbuch.

Das Salzburger Verbrüderungsbuch

Der *Liber confraternitatum Salisburgensis* ist der *Liber vitae*, das »Verzeichnis der Lebenden und Toten«, mit denen sich Kloster und Bistum Salzburg im Gebet verbrüdert hatten. Der Grundstock wurde im Todesjahr Bischof Virgils 784 angelegt, gilt als die drittälteste Handschrift in karolingischer Minuskel und liegt als anerkanntes Weltkulturerbe heute im Archiv der Erzabtei St. Peter zu Salzburg. Das Verbrüderungsbuch enthält die Namen von geistlichen und weltlichen Großen, von Königen und Königinnen, von Herzögen und Herzoginnen, Bischöfen, Äbten und Äbtissinnen.

Obwohl erst 870 verfasst, bringen die Kapitel 2 bis 6 der *Conversio Bagoariorum et Carantanorum*, der in Salzburg entstandenen Bekehrungsgeschichte der Bayern und Karantanen, die so gut wie einzigen Informationen über die Frühgeschichte der alpenslawischen Karantanen und die Salzburger Missionen in Karantanien, die zum Großteil in der Tassilozeit erfolgten.

2 Der Aufstieg Tassilos

DER SKANDAL UM TASSILOS GEBURT UND DIE FOLGEN: 740/41–748

Eine vornehmlich agilolfingische Gruppe von Herzögen im Osten des Frankenreichs verweigerte um 700 der Zentralgewalt den Gehorsam. Sie begründeten ihre Haltung mit der Entmachtung der Merowinger durch die karolingischen Hausmeier. Diese würden den unmittelbaren Dienst der Herzöge für ihre angestammten Könige verhindern. Der Sprecher der Gruppe war der alemannische Herzog Gotfrid, Tassilos III. Großvater väterlicherseits.[9] Gotfrids viertem Sohn Odilo, dem Vater Tassilos, scheint es jedoch gelungen zu sein, das Vertrauen des Hausmeiers Karl Martell zu gewinnen, so dass er ihn nach dem Aussterben der bayerischen Agilolfinger als Bayernherzog einsetzte. Sicher hat ihm der Umstand geholfen, dass Karl Martell, der tatsächliche Herrscher des Frankenreichs, eine Verwandte Odilos namens Swanahild in zweiter Ehe geheiratet hatte. Odilo (736/37–748) erfüllte die Anforderungen des Bayernrechtes, wonach den Agilolfingern das Herzogtum zustehe, und dürfte in den Augen Karl Martells der für die Regierung im Augenblick geeignetste Angehörige des Geschlechts gewesen sein.

Bereits zwischen August 740 und März 741 wurde der Herzog jedoch aus Bayern vertrieben. Es war ungefähr ein Jahr vergangen, nachdem der päpstliche Legat und Erzbischof Bonifatius 739 in enger Zusammenarbeit mit dem Herzog die vier bayerischen Bistümer Salzburg, Passau, Regensburg und Freising errichtet und dort – außer in Passau – neue, kanonisch ordinierte Oberhirten eingesetzt hatte. Aufgrund der auffallenden Zeitnähe der beiden Ereignisse könnte zwischen ihnen ein kausaler Zusammenhang bestanden haben. Hatte Bonifatius gute alte Rechte verletzt? Musste der Bayernherzog deswegen flüchten, weil der Erzbischof zu rigoros durchgegriffen hatte? Vieles spricht dafür und lässt sich aus der Bonifatius-Vita und dem Briefverkehr des Legaten mit dem Papst erschließen. Dem Passauer Bischof Vivilo (nach 731–nach 739) war es gerade noch geglückt, einer Absetzung zu entgehen, weil er nachweisen konnte, dass ihn Papst Gregor III. höchstpersönlich in Rom geweiht hatte. Aus einem Liuti, der sich sogar 738 als Mitempfänger eines päpstlichen Schreibens rühmen konnte, wurde dagegen ein »überzähliger Bischof«. Als solcher konnte er sogar mehrere Jahre später in Salzburg, das der noch nicht zum Bischof geweihte Ire Virgil verwaltete, Unruhe stiften. Liuti fand politischen Rückhalt ausgerechnet bei der Familie, von der ein Mitglied mit Odilo ins Exil gegangen war (BA 8, 1). Seine Stellung dürfte aber auch deswegen zunächst schwach gewesen sein, weil er für die Bayern ein landfremder Schwabe war und sein Herzogtum dem Frankenherrscher verdankte. Folgerichtig suchte Odilo nach seiner Vertreibung Zuflucht bei Karl Martell. Während seines Aufenthalts am Hofe des Hausmeiers erwies er dessen Tochter Hiltrud, der Vollschwester Karlmanns I. und Pippins III., des Vaters Karls des Großen und seit 751 Königs der Franken, eine außerordentlich nachhaltige Reverenz und reiste ab. Bald darauf starb Karl Martell am 22. Oktober 741 und ließ die Agilolfingerin Swanahild mit ihrem gemeinsamen Sohn Grifo zurück, nachdem er das Frankenreich ohne Bayern und Aquitanien nur zwischen seinen Söhnen aus erster Ehe, Karlmann I. und Pippin III. (I.), geteilt hatte. Bevor Hiltrud mit ihrem Kind niederkam, organisierte Swanahild die Flucht der Stieftochter zu ihrem Verwandten Odilo, der wieder mit fränkischer Hilfe als unangefochtener Herzog nach Bayern heimgekehrt war. Hiltrud brachte Tassilo noch im Jahr 741 bereits als Gemahlin Odilos und Herzogin der Bayern zur Welt.

Der Name Tassilo

Das Herzogspaar gab seinem Sohn den Namen Tassilo und knüpfte damit an die Namentradition der älteren bayerischen Herzogsfamilie an. Aber auch unter den italienischen Langobarden gab es Träger dieses Namens, der anscheinend kleiner Dachs bedeutete.

Wie auch immer, Odilo hatte einen Brautraub mit Einwilligung der Braut begangen und damit zutiefst die karolingische Familienehre verletzt. Gut fügte sich dieser Skandal in den alten arnulfingisch-agilolfingischen Gegensatz und barg fatale politische Sprengkraft.

Die unmittelbare Konsequenz der Politik Swanahilds wie ihrer agilolfingischen Verwandtschaft war eine schwere Belastung der fränkisch-bayerischen Beziehungen, die über den Tod Odilos hinaus nachwirken und das gesamte Leben Tassilos überschatten sollten. Außerdem stellten sich 741 ganz massive realpolitische Probleme: In diesem Jahr war Karl der Große noch nicht geboren, und sein Vater Pippin hatte keinen Erben. Dagegen waren anscheinend Drogo, der Sohn von Pippins älterem Bruder Karlmann I., und Tassilo in ihrer Generation die einzigen männlichen Nachkommen Karl Martells. Und dann gab es noch den Swanahildsohn und Bonifatius-Zögling Grifo, der gegenüber seinen Halbbrüdern Ansprüche auf die Herrschaft über einen Teil des Frankenreichs erhob. Eine Sukzessionskrise bahnte sich an, weil der Widerstand gegen Karlmann und Pippin zwar nicht die Ursache, dafür aber einen umso glaubwürdigeren Anlass gefunden hatte. So wurde Odilos Bayern zum Zentrum der antikarolingischen Opposition. Im Widerstand gegen die werdende Königsherrschaft der Hausmeier vereinigten sich unter Odilos Führung die »äußeren Völker« des alten Merowingerreichs, die Aquitanier, Sachsen, Alemannen, Bayern und Slawen. Auch hatte der Bayernherzog sogleich nach seiner Rückkehr die frühagilolfingische Expansionspolitik gegenüber dem alten Binnennorikum und nun neuen Karantanien wieder aufgenommen und dabei den in Mitteleuropa ersten großen Sieg über die Awaren errungen. Deren Niederlage erlaubte die Eingliederung der alpenslawischen Karantanen in das bayerische Herzogtum, wodurch dessen Umfang fast verdoppelt wurde.

Bereits im Jahre 743 gab es Krieg zwischen den Schwägern wider Willen. Trotz päpstlicher Unterstützung und der Hilfe überregionaler Kräfte, aber auch trotz des Bündnisses mit den Aquitaniern und eines karantanischen Aufgebots wurde Odilo von Karlmann und Pippin besiegt. Aufgrund eines Vertrags, den Karlmann mit deutlicher Spitze gegen seinen Bruder Pippin schloss, dürfte aber Odilo ganz Bayern bis zum Lech und zur Donau wieder bekommen haben. Wenn nicht schon 725 oder 728, wurden spätestens 743 Teile des Nordgaus um Lauterhofen und Ingolstadt von den Franken besetzt. Als Odilo Anfang 748 starb, hinterließ der Awarensieger und der von den Franken Besiegte seiner karolingischen Gemahlin Hiltrud und dem unmündigen Sohn Tassilo ein polyethnisches Herrschaftsgebiet von beachtlichem Umfang, in dem hoffnungsvolle Möglichkeiten und gefährliche Widersprüche einander die Waage hielten.

TASSILOS ERSTE FRÄNKISCHE JAHRE: 748–763

Mit dem Tode des Vaters am 18. Januar 748 begann man Tassilos »Jahre seines Herzogtums« zu zählen. Wahrscheinlich residierte er mit seiner Mutter in Regensburg, doch wird auch an Salzburg gedacht, wofür Hiltruds Amt als Äbtissin von Nonnberg sprechen würde.[10] Außer dass er ein Agilolfinger war und einen Erbanspruch besaß, entsprach der kaum mehr als sechsjährige Bub freilich keineswegs den physischen und mentalen Anforderungen, die das Bayernrecht an den Herzog stellte. Aber seine Mutter Hiltrud war Fränkin und Karolingerin, der ihr Bruder Pippin III., seit 747 Alleinherrscher im Frankenreich, die Vormundschaft über den kleinen Bayernherzog übertragen hatte. Offenkundig war es wichtiger, dass Hiltrud die fränkische Herrschaft über Bayern sicherte, als dass sie sich zu dynastischen Zwecken wiederverheiratet hätte.

Eine Vormundschaft war allerdings institutionell nicht vorgesehen. Daher berichten selbst die Reichsannalen zum Jahre 748 nur von der Einsetzung Tassilos als Herzog der Bayern »durch (Pippins) Beneficium«. Nach Ausweis der Urkunden trat Tassilo wieder als vollberechtigter, mit allen Rangtiteln versehener Herzog der Bayern auf. Er bekräftigte Schenkungsurkunden »mit eigener Hand« und führte vom Vater unvollendet hinterlassene Rechtsgeschäfte nominell zu Ende. Demnach muss es Leute wie den Grafen Machelm gegeben haben, die im

Auftrag Pippins handelten und die nötigen Entscheidungen tatsächlich trafen. So begann für Tassilo eine Zeit unmittelbarer Unterstellung des Landes unter die Herrschaft des Mutterbruders Pippin.

Der »Herzog und Fürst der Franken«, der Ende 751 als erster Karolinger zum König der Franken aufgestiegen war, nutzte seine Macht zum Aufbau persönlicher Beziehungen, so dass es unter der bayerischen Elite bald nicht wenige gab, die »ihm sehr nahe standen«. Dies lässt sich daran erkennen, dass die meisten bayerischen Urkundenaussteller dem Grundsatz folgten: »Sage mir, nach wessen Herrschaftsjahren du datierst, und ich sage dir, wessen Herrschaft du anerkennst.« Das Gleiche gilt für die zahlreichen Konsensschenkungen, für Schenkungen aus Herzogsgut, die vom Inhaber nur mit Erlaubnis und Zustimmung des Herzogs vollzogen werden durften. In beiden Fällen werden zuerst der Onkel und dann der Neffe genannt, wobei nicht bloß die Funktionstitulaturen, sondern auch die Rangtitulaturen Pippins selbstverständlich höher sind als die Tassilos. Pippins bayerische Herrschaft hatte insofern auch Auswirkungen auf Karantanien, als er bei zwei Thronwechseln eingriff und jeweils den neuen Fürsten bestellte, den Erbrecht und Volkswahl empfahlen.[11] Selten, aber doch enthalten Urkundendatierungen Hinweise auf wichtige Ereignisse. In seiner ersten Urkunde, die der Freisinger Archipresbyter Arbeo am 24. Juni 754 für das Bistum schrieb, steht zwischen der ebenfalls erstmaligen Datierung nach Pippins bayerischen Königsjahren und der nach Tassilos Herzogsjahren der Satz *quando domnus apostolicus in partibus Gallie venerat*, »als der Herr Papst in die Gebiete Galliens gekommen war« (TF 7; 1, 34). Arbeo wusste demnach von der Aufsehen erregenden Bittfahrt Stephans II. (752–757) ins Frankenreich und begrüßte sie, indem er sie zitierte. Er muss daher auch Kenntnis von der Salbung Pippins I. und seiner Söhne Karl und Karlmann II. durch den Papst in Saint-Denis gehabt haben.

Frühestens in der zweiten Jahreshälfte 748 war aber selbst Tassilos nominelles Herzogtum fürs erste einmal zu Ende. Es schien, als ob die Gegner, die seinen Vater aus Bayern vertrieben und ungewollt Tassilos Existenz bewirkt hatten, nun auch ihm das Herzogtum streitig machen wollten. Von ihrer Seite gewann sein Onkel Grifo so starken Zulauf, dass er aus seinem sächsischen Exil nach Bayern kommen und sich hier festsetzen konnte. Der erwachsene Karolinger mit agilolfingischer Mutter, der gegenüber dem kleinen Tassilo als »geeignet« gelten musste, fand die Unterstützung maßgeblicher Leute und bemächtigte sich Hiltruds und ihres Söhnchens, um jeden Widerstand im Keim zu ersticken. Pippin nahm die Herausforderung seines Halbbruders Grifo an und marschierte 749 gegen Bayern. Die Koalition aus fränkischen Unzufriedenen und bayerischer Opposition fiel rasch auseinander. Die Rädelsführer gerieten in Gefangenschaft, den kaum acht Jahre alten Tassilo setzte Pippin unter der Vormundschaft Hiltruds wieder als Bayernherzog ein. Das bayerische Intermezzo Grifos dürfte sich nach dem 10. Juli 748 und vor dem 29. Mai 749 ereignet haben, weil man es an beiden Tagen in Mondsee wagte, je eine Urkunde *noch* und eine *wieder* nach Tassilos Herzogsjahren zu datieren. Nach der Ausschaltung Grifos ließ sich Virgil am 15. Juni 749 zum Bischof seiner Stadt Salzburg weihen. Pippin hatte den Iren 746/47 nach Bayern zu Odilo, »der ihm damals unterworfen war«, gesandt, um den fränkischen Einfluss in der bayerischen Kirche zu stärken. [12]

Im Jahre 754 starb Hiltrud, und Tassilo gelangte unter die unmittelbare Vormundschaft seines Onkels. Die Salzburger *Breves Notitiae* verzeichnen keine herzoglichen Schenkungen nach dem Tod Hiltruds. Danach fanden nur mehr Konsensschenkungen statt. Demnach hätte Pippin die unmittelbare Vergabe von Herzogsgut an Salzburg für immer eingestellt.[13] Aber auch Arbeo von Freising bekam zwischen 764 und 782/83 keine einzige herzogliche Schenkung für sein Bistum. Die Donationen, die Tassilo in den Urkunden für Innichen und Moosen verbriefte, waren keineswegs als Begünstigung Freisings gedacht, sondern kamen dem Bistum erst nachträglich zugute.[14]

Im Frühjahr 755 erschien Tassilo – er war nun im 14. Lebensjahr – zum ersten Mal auf einer fränkischen Heeresversammlung, deren Ort jedoch nicht überliefert ist. Das bisherige

Märzfeld wurde gerade damals auf den Mai verlegt, weil es im März noch nicht genug Futter für die Pferde gab und das bisherige fränkische Fußheer zum Teil auf ein Reiterheer umgerüstet wurde. Im folgenden Jahr 756 erfüllte Tassilo die vom Bayernrecht geforderte Heerfahrtspflicht und nahm am Kriegszug Pippins gegen den Langobardenkönig Aistulf (749–756) teil.

TASSILOS ENTLASSUNG AUS DER VORMUNDSCHAFT

Im Jahr 757, behaupten nur die späteren offiziösen Reichsannalen, sei der Bayernherzog zu Compiègne aus der Vormundschaft entlassen worden und habe danach seinem Onkel und dessen Söhnen Karl und Karlmann II. den Lehnseid als Vasall geleistet. Auch sei der Bayernherzog in Begleitung vornehmer Großer gekommen, die wie ihr Herr die geforderten Eide auf die Reliquien zahlreicher fränkischer Heiliger schworen. Als dramatische Fortsetzung dazu liefert wieder nur dieselbe Quelle zum Jahre 763 die Geschichte von Tassilos Heerflucht: Der Herzog sei mit seinem Heer zum vierten Zug des Frankenkönigs gegen Aquitanien aufgeboten worden. Tassilo sei mit bayerischen Truppen zum Sammelplatz Nevers an der Loire gekommen; doch während des fränkischen Aufmarsches habe er sich wegen Krankheit entschuldigt und sei »böswillig« mit seinen Leuten heim gegangen, ohne die königliche Erlaubnis abgewartet zu haben.

So wurde die Geschichte von Seiten des Siegers aufgeschrieben, nachdem Karl der Große 788 seinem Vetter den Prozess gemacht hatte, und so kann sie sich weder 757 noch 763 abgespielt haben. Die Entlassung Tassilos aus der Vormundschaft auf der Reichsversammlung von 757, nachdem er sein 15. Lebensjahr vollendet hatte, hätte zwar dem fränkischen Königsrecht entsprochen. Die Vormundschaft könnte jedoch schon früher beendet worden sein, da ein Bayer mit zwölf Jahren volljährig wurde. Aber der angeblich 757 zu Compiègne geschworene Lehneid ist ein glatter Anachronismus: Der Annalist verlegte offenkundig den eidlich beschworenen Eintritt Tassilos in die Vasallität der Frankenherrscher, die 787 tatsächlich auf dem Lechfeld gegenüber Karl dem Großen erfolgte, auf ein 30 Jahre älteres Ereignis. Damit stimmt überein, dass die Reichsannalen die Einsetzung Tassilos zum Bayernherzog im Jahre 748 bereits als *beneficium* Pippins darstellen und damit einen Begriff verwenden, der alles von Wohltat bis Lehen bedeuten konnte. Da aber dieselben Reichsannalen Tassilos Teilnahme an der Heeresversammlung von 755 und am Langobardenfeldzug von 756 verschweigen, könnte Pippin den für 757 berichteten Rechtsakt tatsächlich früher, etwa am Beginn des Kriegszugs gegen den Langobardenkönig Aistulf, vollzogen haben. Letzteres gibt insofern Sinn, als nur ein volljähriger Dux auch der Heer-zog, der Anführer einer Heerschar, sein kann.

Noch unwahrscheinlicher klingen die Reichsannalen zum Jahre 763. So ist Folgendes schwer vorstellbar: Tassilo marschiert mit seinen bayerischen Kriegern bis an die Loire. Dort kommt er Anfang Mai an, dreht dem Onkel die lange Nase und tritt sofort die Heimreise an. Dabei begegnet er keinerlei Schwierigkeiten, wenn er mit seiner wohl nicht übermäßig starken Mannschaft quer durch alle fränkische Kernlande zieht. Niemand hinderte ihn daran, ja seine Bayern wurden offenkundig verpflegt und zwischen Loire und Lech über zahlreiche Flüsse, darunter den Rhein, anstandslos übergesetzt. Zum Vergleich: Als Grifo 753 mit seinen Leuten von Aquitanien ins Langobardenreich flüchten wollte, wurde er sehr wohl von fränkischen Grafen an den Alpen aufgehalten, in einen Kampf verwickelt und getötet.

Aber abgesehen von der nach 788 erfundenen Geschichte muss 763 etwas geschehen sein, das zum dauernden Bruch zwischen Onkel und Neffen führte. Denkbar wäre, dass Tassilo 763 überhaupt in Bayern blieb oder sofort nach dem Abmarsch umkehrte, weil die erste Rebellion heidnischer Karantanen seine Anwesenheit im Lande erforderte. Dies würde auch Tassilos zwar nicht sichere, aber doch anzunehmende Mitwirkung bei der Gründung von Scharnitz erklären. An diesem 29. Juni 763 hätte er sich außerhalb Bayerns aufgehalten, wenn die Geschichte der Reichsannalen stimmte. Dass Tassilo noch 763 Liutpirc, die Tochter des Langobardenkönigs Desiderius (757–774), geheiratet habe, wirkt dagegen eher unwahrscheinlich: zum einen wegen der Karantanenkrise, zum andern, weil Tassilo in den ersten Monaten des Jahres 764 Papst Paul I. (757–767) bat, zwischen ihm und dem Onkel zu vermitteln. Desiderius ließ die päpstliche Gesandtschaft jedoch nicht passieren. Dieser unfreundliche Akt richtete sich nicht bloß gegen den Papst und den Frankenkönig, sondern dürfte auch ausschließen, dass 763 ein Ehebündnis zwischen Tassilo und dem Langobardenkönig existierte. Aber zweifellos bestand schon die Bereitschaft des Bayernherzogs, von der karolingischen auf die Seite des langobardischen Gegners zu wechseln, wohl um sich und seine bayerische Herrschaft vor der zunehmend aggressiven fränkischen Expansion zu schützen. Daher wollte er angeblich nach eigener Aussage »niemals mehr das Angesicht des Königs sehen«, was auch einem Bruch der geschworenen Treueide gleichkam. Dass Tassilo nicht mehr die nötige *praesentia regis*, die Gegenwart des Königs, aufsuchte, mag der unmittelbare Anlass für den Bruch, für die *defectio*,[15] gewesen sein. In Bayern reagierte man schnell auf die geänderte Situation. Hatte Arbeo eine Freisinger Urkunde vom 13. Dezember 762 noch *regnante inlustrissimo rege Pippino anno VIII et venerabile duce Tassilone anno XIII regni eius* datiert, enthält die von ihm verfasste Gründungsurkunde von Scharnitz einzig und allein die Herrschaftsjahre Tassilos, der hier auch als *summus princeps noster*, als »unser höchster Fürst«, tituliert wird.[16] Der etwas mehr als 21 Jahre alte Tassilo wollte über sich keinen weltlichen Herrn mehr anerkennen.

König Pippin konnte 763 nichts mehr gegen Tassilo unternehmen und musste sich auch auf dem Wormser Reichstag von 764 damit begnügen, »die Affäre Tassilo eingehend zu besprechen« und den fälligen Kriegszug gegen den Bayernherzog zu beraten. Die päpstliche Gesandtschaft, die um Vermittlung bemüht und nach Worms unterwegs war, blieb in Norditalien stecken. Trotzdem brach kein neuerlicher fränkisch-bayerischer Krieg aus. Die erstaunliche Ruhe von 764 dürfte eine Naturkatastrophe größten Ausmaßes erzwungen haben: Auf den Sommer 763 folgte ein außergewöhnlich strenger Winter; die gesamte Jahreseintragung der Salzburger Annalen lautet bloß: *hiemps magna fuerat*, »es gab einen großen Winter«. In fast allen Teilen des Frankenreichs brach eine entsetzliche Hungersnot aus, die jeden Heereszug aus Lebensmittel- und Futtermangel verhinderte. Die vom Frankenkönig selbst als Strafgericht Gottes empfundene Misere verursachte einen Zeitverlust, der zu Lebzeiten Pippins nicht mehr aufgeholt werden konnte.

EHESCHLIESSUNG MIT LIUTPIRC

Wenn Tassilo die langobardische Prinzessin Liutpirc noch nicht 763 geheiratet hatte, dürften sie die Hochzeit längstens ein Jahr später gefeiert haben. Ihr gemeinsamer Sohn Theodo ist bereits 777 als rechtlich Handelnder bezeugt, das heißt, er muss in diesem Jahr nach bayerischem Recht volljährig gewesen sein und zumindest das 12. Lebensjahr vollendet haben. Ein Ehebündnis mit dem Langobardenkönig, der offenkundig als Mitgift die umstrittenen Südtiroler Gebiete zurückgab, wirkt 764 schon deshalb nicht unwahrscheinlich, da Tassilo im Vorjahr aufständische Karantanen besiegt und Bayern auf breiter Front wieder zum Nachbarn des Langobardenreichs gemacht hatte. Außerdem hatte der Herzog noch in den ersten Monaten des Jahres 764 vergeblich versucht, den Bruch mit dem Onkel zu kitten, so dass ein offenes Umschwenken auf die langobardische Seite und der Abschluss eines Ehebündnisses erst danach sinnvoll erscheinen. Nicht unmöglich, dass der berühmte Tassilo-Kelch für die Hochzeit mit Liutpirc in Salzburg angefertigt wurde.

DER TASSILO-KELCH

Die im oberösterreichischen Kloster Kremsmünster bis heute aufbewahrte Kostbarkeit spiegelt das enorme Hochgefühl des jungen Fürsten und seiner königlichen Gemahlin. Der Kelch, dessen Cuppa 1¾ l Flüssigkeit aufnehmen kann, bildet das größte und schönste frühmittelalterliche Stück seiner Art. Er diente wahrscheinlich als Spendekelch, das heißt als ein liturgisches Gefäß, das bei der Messfeier verwendet wurde. Die

Tassilokelch. An der Cuppa ist Christus als Weltheiland mit den Buchstaben IS = Iesus Salvator/Soter dargestellt und als A und Ω gekennzeichnet. Stift Kremsmünster, wahrscheinlich Salzburg um 765.

Außenseite des Stücks zieren ein in neun Medaillons gegliedertes Bildprogramm sowie Ornamente aus Tiergestalten, Pflanzen und geometrischen Formen. Die reiche Verschiedenartigkeit der Motive entspricht der Vielfalt ihrer Herkunft und Tradition. Im geometrischen Ornament des Zirkelschlags rund um den Nodus lebt die italienische Spätantike fort. Das Weinstockmotiv am Mundsaum und in den Zwickeln unter den Cuppa-Medaillons kam wahrscheinlich über Italien aus dem angelsächsischen Northumbrien, während das Tiergeflecht irisch-keltischen Ursprungs ist. Die Bilder beruhen auf einer, obgleich noch jungen, bodenständigen Tradition und besitzen Verwandtes in der gleichzeitigen Buchmalerei wie in den Flechtwerksteinen. Unter den fünf Bildern der Cuppa nimmt die Darstellung des Erlösers, dem Kremsmünster geweiht ist, den ersten Rang ein. Das Medaillon trägt neben den Christus-Charakteren Alpha und Omega den auf die Initialen IS gekürzten Text I(ESUS) S(ALVATOR) oder S(OTER). In den vier anderen Medaillons befinden sich die Evangelisten samt ihren Symbolen. An die Cuppa schließt ein drehbarer Perlring an; darauf folgen in einem Stück Knauf und Fuß, dessen unterer Rand die Inschrift + TASSILO DVX FORTIS + LIVTPIRC VIRGA REGALIS, »Tassilo tapferer Herzog, Liutpirc königlicher Spross«, trägt. Darüber sind vier Büstenmedaillons auf dem Kelchfuß verteilt. Sie enthalten die Bilder von Heiligen, die ebenfalls durch Initialen gekennzeichnet sind. Darunter befinden sich für einen bärtigen Mann die Initialen IB, die mit Iohannes Baptista aufzulösen sind, sowie daneben das Porträt einer jugendlichen, wahrscheinlich weiblichen Person mit den Initialen MT. Über die Bedeutung dieser Darstellung ist viel gerätselt worden. Vergleiche mit zeitgenössischen Salzburger Handschriften legen die Auflösung Maria T(h)eotokos, Maria die Gottesgebärerin, nahe. Die Beschriftung wäre demnach griechisch gedacht gewesen und mit lateinischen Buchstaben dargestellt worden. In diesem Fall enthielte das Medaillon die älteste Mariendarstellung nördlich der Alpen (Britta Birnbaum, Stockholm).

Das Programm des Kelchs kann nicht aus dem zeitgenössischen Byzanz stammen, wo die bilderfeindliche Richtung gerade die Oberhand gewonnen hatte. Vielmehr steht hinter diesen Formen und Motiven ein Gutteil irischer Gelehrsamkeit, die gerne mit ihren, wenn auch bloß rudimentären Griechisch- und Hebräischkenntnissen prunkte. Ein entsprechender Brief der Salzburger Sammlung verdeutlicht genau diese Verwendung der beiden heiligen Sprachen. Typisch bayerisch war eine weit verbreitete griechisch-orientalische Namengebung. So wurde aus dem irischen Virgil-Gefährten Dubdáchrích der Grieche Dubda. Denkbar wäre, dass für diese Namensform nicht bloß eine naive Volksetymologie, sondern auch ein guter Grund verantwortlich war. Selbstverständlich wird man nicht behaupten, Dobdagrecus habe das Programm des Tassilo-Kelchs entworfen. Aber Leute wie er oder der irische Tassilo-Verehrer Clemens könnten daran mitgewirkt haben. Außerdem wurde Dobdagrecus nicht bloß von Tassilo, sondern auch von Liutpirc unterstützt und gefördert. Die Stifterinschrift des Kelchs ehrt Liutpirc als den »königlichen Spross« in ganz besonderer Weise.[17] Sie war aber auch eine außerordentliche Frau, die eigenständige Politik machte und schon deswegen den Karolingern und deren bayerischen Anhängern verhasst war und blieb. Nur in Salzburg hat man nicht nur zu ihren Lebzeiten, sondern noch lange nach ihrem Tod für sie gebetet.

BEWÄHRUNG ALS HEERFÜHRER

Das Jahr 765 dürfte Tassilo nicht bloß den Thronerben beschert, sondern auch die Möglichkeit geboten haben, sich wieder als erfolgreicher Heerführer zu bewähren. Wenn die Interpretation der mehr als dürftigen Überlieferung das Richtige trifft, brach in diesem Jahr die zweite karantanische *carmula* aus. Diese zweite Rebellion heidnischer Karantanen gegen die bayerische Herrschaft und die Salzburger Mission dauerte jedoch nur kurz und dürfte noch 765 ihr Ende gefunden haben. Der Frankenkönig kämpfte indessen weiter in Aquitanien, wobei Dux Waifar wohl auf Betreiben Pippins ermordet wurde. Tassilo blieb dieses Schicksal erspart, weil der Onkel südlich der Loire zu beschäftigt war und trotzdem den aquitanischen Krieg zu Lebzeiten nicht beenden konnte, sondern seinen

Nachfolgern überlassen musste: Am 24. September 768 starb König Pippin, ihm folgten seine Söhne Karl und Karlmann II., die einander nicht leiden konnten, in einem geteilten Frankenreich nach. Für die von der fränkischen Expansion bedrohten Völker und ihre Herrscher bedeutete die karolingische Sukzessionskrise von 768 bis 771 eine sehr erwünschte Atempause.

AUF DEM HÖHEPUNKT DER MACHT: 768–778

König Karlmann II. hatte 769 das Frankenheer, das wieder einmal gegen Aquitanien marschierte, verlassen und damit tatsächlich das Gleiche getan, das noch Jahrzehnte später Tassilo vorgeworfen werden und wesentlich zu seiner Verurteilung beitragen sollte. Trotz des Zerwürfnisses der beiden Brüder wurden die Aquitanier von Karl besiegt. Um den Ausbruch eines heißen Kriegs zwischen den beiden zu verhindern, wurde in den Jahren 769 bis 771/72 eine ausgedehnte Reisediplomatie unternommen, an der vor allem die Königinwitwe Bertrada selbst mitwirkte, was für die Zeit ganz ungewöhnlich war. Sie suchte zwischen ihren Söhnen zu vermitteln und verhandelte außerhalb des Frankenreichs mit dessen potenziellen Gegnern. Bertrada besuchte Tassilo in Bayern und kam vielleicht nach Freising, reiste danach zum Langobardenkönig Desiderius nach Pavia und von dort nach Rom. Sehr zum Leidwesen, ja zum Entsetzen des Papstes knüpfte Bertrada gleichzeitig an die agilolfingische Ehepolitik an und verheiratete ihren Sohn Karl mit einer namentlich nicht bekannten Tochter des Langobardenkönigs.[18] Dies geschah offenbar nur wenige Monate, nachdem Tassilo selbst bei seinem Schwiegervater Desiderius gewesen war. Auf der Heimreise von Italien gebrauchte der Bayernherzog 769 in Bozen zum ersten Mal den Urkundentitel *dux Baiouarorum vir inluster*, womit er den Königstitel des toten Onkels kopierte.

Der Tod Pippins und der Streit der ungleichen Brüder Karl und Karlmann II., aber auch seine eigenen Erfolge ebneten Tassilo den Weg zur fürstlichen Machtentfaltung. Dies veranschaulichen im Vergleich die Protokolle der Synoden von Aschheim zwischen 755 und 760 oder doch 756, von Neuching, datiert auf den 14. Oktober 771 oder 772, und von Dingolfing um 776/77(?). War Tassilo in Aschheim der »an Alter ganz besonders zarte« Herzog, ist er sowohl in Neuching wie in Dingolfing der »Fürst und Herr«, unter dessen Vorsitz die Synoden ergänzende Gesetze zur bayerischen Lex erließen und damit in eine ureigene königliche Prärogative eingriffen.

Die Friedensmission, die Bertrada nach Pippins Tod unternommen hatte, war unmittelbar erfolgreich. Die Verträge, die der Bayer Sturmi, Abt von Fulda, 771/72 zwischen Karl und Tassilo geschlossen hatte, dürften länger, nämlich die gesamten 770er-Jahre, gehalten haben. Aber da gab es noch ein Problem: Nachdem die Karolinger die Merowingerkönige von der Herrschaft verdrängt hatten, benötigten sie die Salbung als ein sichtbares, bereits bei Westgoten und Angelsachsen erprobtes Zeichen göttlicher Gnade, um eine neue Königssippe gründen zu können. Die Salbung Pippins I. und seiner Söhne Karl und Karlmann II., die Papst Stephan II. am 28. Juli 754 in Saint-Denis vollzogen hatte, erfüllte diesen Zweck. Andererseits konnte die Salbung der Söhne oppositioneller Fürsten auch als Waffe gegen die karolingische Hauptlinie eingesetzt werden. Vom eben erst zum Papst gewählten Hadrian I. hatte der Langobardenkönig Desiderius 772 verlangt, die Söhne Karlmanns II. zu salben, um die *divisio*, die Spaltung des Frankenreichs aufrecht zu erhalten. Ihre Mutter war mit ihren beiden Söhnen nach dem Tod Karlmanns im Dezember 771 zu Desiderius nach Pavia geflohen. Der Papst lehnte anscheinend ab, salbte aber zu Pfingsten 772 Theodo, den etwa siebenjährigen Enkel des Langobardenkönigs und älteren Sohn des Bayernherzogs. Hatte die Entscheidung Hadrians auch etwas mit Tassilos Kampf gegen oder bereits Sieg über die aufständischen karantanischen Heiden zu tun, der mit Konstantins des Großen Heidensieg verglichen wurde? Theodo war jedenfalls der erste nichtkönigliche und nichtkarolingische Prinz, dem ein Papst das Sakramentale der Taufsalbung spendete. Karl der Große konnte erst neun Jahre später 781 für zwei seiner Söhne die Salbung in Rom erwirken. Das Jahr 772 brachte aber dem Herzog vor allem seinen großen Karantanensieg, den man sowohl in Regensburg wie in Salzburg der Zerstörung der Irminsul, des heidnischen Heiligtums der Sachsen, durch Karl den Großen gleichstellte. Ein Ire namens Clemens pries den herzoglichen Slawensieger noch 772 als neuen Konstantin. Damit rückte Tassilo in die Reihe der höchsten christlichen Herrscher auf, und das erneut noch vor seinem Vetter Karl, den Papst Hadrian I. erst 778 als neuen Konstantin lobte.

Die Erfolge der beginnenden 770er-Jahre setzten sich im Verlauf des Jahrzehnts fort. Sie konnten jedoch nicht verbergen, dass sich bereits Ende 771 mit dem Tod Karlmanns II. eine für Tassilo gefährliche Änderung der politischen Lage anbahnte: Die Teilung des Frankenreichs, auf der das Bündnis zwischen Desiderius und Karl beruhte, war aufgehoben, und der Frankenkönig konnte den Bruch mit Pavia riskieren. Er trennte sich von der Tochter des Langobardenkönigs und sandte sie ihrem Vater zurück, was eine tödliche Beleidigung und Kampfansage bedeutete. Etwa zweieinhalb Jahre später hatte Desiderius Reich und Freiheit verloren. Kurz nach 784 muss der Langobardenkönig in der fränkischen Verbannung gestorben sein, woran man sich bloß im Salzburg Bischof Virgils zu erinnern wagte. Während Karl der Große 773/74 das Langobardenreich eroberte, hielt sich Tassilo III. an den Freundschaftsvertrag von 771/72 und griff in keiner Weise ein: Weder kam er seinem Schwiegervater zu Hilfe, noch marschierten Bayern im fränkischen Heer wie das letzte Mal 756 nach Italien. Vielleicht gründete Tassilo im obersten Vinschgau das Kloster Müstair mit seinen kasernenartigen Zubauten auch als einen Akt von bewaffneter Neutralität.[19]

Von den Ereignissen im befreundeten Italien anscheinend in keiner Weise berührt, weihte Virgil wohl am 24. September 774 den – wenn auch noch nicht fertig gestellten – Salzburger Dom zu Ehren der Heiligen Petrus und Rupert. Die Gebeine des Letzteren wurden von Worms in die Bischofskirche an der Salzach gebracht, was Tassilos Fähigkeit unter Beweis stellt, Maßnahmen auch außerhalb seines Herzogtums und tief in der Francia zu ergreifen. Im Frühherbst 774 waren keine vier Monate vergangen, als sich Karl der Große zum ersten Mal *gratia Dei rex Francorum et Langobardorum* genannt hatte. Ähnlich verhielt es sich 777 mit der Gründung von Kremsmünster, die einmal mehr bewies, wie sehr Tassilo der Herr Bayerns war, dem die Großen seines Regnum folgten. Obwohl beim abschließenden Gründungsakt Grafen, Bischöfe und Äbte in großer Zahl anwesend waren und zum Teil auch als Beauftragte Tassilos tatkräftig daran mitgewirkt hatten, wurde keiner von ihnen um seine Zustimmung gefragt.

Als der Frankenkönig im Jahre 778 Truppen aus allen Teilen des Reiches, darunter auch schon Langobarden, aufbot, um ins muslimische Spanien einzufallen, nahm daran ein bayerisches Kontingent teil, wie es das Bayernrecht vorschrieb. Tassilo selbst blieb dem Feldzug fern, der in Spanien keineswegs nach Wunsch Karls verlief, ja mit schweren Verlusten für den sieggewohnten Frankenkönig endete. Auf dem Rückzug durch die Pyrenäen erlitt die vom bretonischen Grenzgrafen Roland geführte Nachhut die vernichtende Niederlage von Roncesvalles. Das hochmittelalterliche Rolandslied, das den Bayern die größte Kühnheit unter den Völkern bescheinigte, erinnert an diesen blutigen Sieg baskischer Christen, die ihr Land gegen jedermann verteidigten, der von außen kam. Jedes bessere Museum hat bis heute in seinen Vitrinen einen Oliphant, das (Elefanten-)Horn, mit dem Roland seinen Herrn vergeblich um Hilfe rief. Die bayerischen Krieger werden danach, sofern sie überlebten, an der Unbesiegbarkeit des Frankenheeres gezweifelt haben. Nicht unmöglich, dass diese Erfahrung und die Erfolge bei Bozen 784 dazu beitrugen, dass Tassilo seine militärischen Möglichkeiten falsch einschätzte, weil er Karls tatsächlich enorme Streitmacht sträflich unterschätzte.

3 Die Ausschaltung Tassilos und seiner Familie: 781–788

DIE INSZENIERUNG EINES PROZESSES

Heute noch zählt es zur täglichen Erfahrung, dass sich die Rechtsprechung in vielen Ländern der Erde der Politik unterordnet und es politische Vorgaben sind, womit die Mächtigen ihnen unliebsame Handlungen zu Verbrechen erklären und deren Untersuchung bestimmen. Umso mehr waren Rechtsprechung und Rechtsfindung in der Vergangenheit, das heißt Jahrhunderte vor der grundsätzlich erhobenen Forderung nach Gewaltenteilung, selbstverständliche Mittel der Politik. Herren des Gerichts und der Gerichte waren die Herrschenden, die nicht selten auch als Zeugen auftraten, ja Parteienstellung einnahmen. Kein Wunder, dass ihr Wille nicht selten den Ausgang von Prozessen vorherbestimmte und es zu Verfahren kam, die wir heute als Skandal- oder Schauprozesse bezeichnen. Dieses Urteil gilt in hohem Maße für den gerichtlich inszenierten Abschluss der Auseinandersetzung zwischen dem Frankenkönig Karl dem Großen und dem agilolfingischen Bayernherzog Tassilo III., für das Ende eines Konflikts, der nicht erst mit der Geburt der beiden Vettern ersten Grades begonnen hatte.

DAS VORSPIEL 781

Wie weit die Salbung, die Papst Hadrian I. zu Pfingsten 772 an Tassilos Sohn Theodo vollzogen hatte, auch als Herausforderung Karls des Großen gedacht war, ist schwer zu sagen. Allerdings fällt auf, dass der Frankenkönig zu Ostern 781 in Rom seine Söhne Pippin und Ludwig vom selben Papst zu Königen – den einen für Italien und den anderen für Aquitanien – salben ließ und sich unmittelbar darauf mit »Gevatter« Hadrian, der auch der »Gevatter« Tassilos war, über ein gemeinsames Vorgehen gegen den Bayernherzog verständigte. Konkrete Anschuldigungen, die den 781 vollzogenen Bruch der bisherigen päpstlichen wie den der karolingischen Politik erklären würden, sind so gut wie nicht bekannt. Die Reichsannalen sagen bloß aus der Retrospektive, Tassilo habe die Verpflichtungen, die er gegenüber Karl wie dessen Vater Pippin eingegangen war, nicht erfüllt. Karls Biograf Einhard spricht von der Verachtung, die Tassilo seinem König gegenüber gezeigt habe. Glaubwürdigkeit besitzt daher der Vorwurf Karls, der Vetter habe es verabsäumt, die notwendige *praesentia regis*, also die persönliche Zusammenkunft mit dem König, aufzusuchen. Diese hätte auch die Gültigkeit der geschworenen Treueide bekräftigt und erneuert. Ebenso wenig ist auszuschließen, ja eher anzunehmen, dass Tassilo gegenüber Sachsen, Slawen und Awaren die traditionell eigenständige bayerische Außenpolitik vertreten hatte, was Karl als gegen ihn und das Frankenreich gerichtete Verschwörung deuten mochte.

Angeblich beriet 781 die gesamte regierende Herzogsfamilie, was zu tun sei. So hätten Tassilo, Liutpirc und deren beider Sohn Theodo zunächst noch auf die guten Beziehungen zu Hadrian I. gebaut und eine hochrangige bayerische Gesandtschaft beauftragt, in Rom die päpstliche Vermittlung zu suchen. Spät, aber glaubwürdig werden folgende Namen als Gesandte überliefert: Bischof Alim von Säben und Abt Atto von Schlehdorf, der spätere Bischof von Freising, sowie die beiden Tassilo treuen und nicht bloß in Bayern mächtigen Grafen, die Brüder Machelm und Wenilo. Der Frankenkönig ließ jedoch nur die beiden geistlichen Würdenträger passieren, und auch sie waren nicht im Sinne Tassilos erfolgreich. Ja, es scheint nicht unmöglich, dass Abt Atto in Rom nicht mehr uneingeschränkt die Interessen seines Herrn vertrat, sondern bereits zu Karl übergegangen war. Auch hatte er vom Papst die Reliquien des hl. Candidus für Innichen erhalten. Jedenfalls antworteten Papst und König ihrerseits mit Gesandtschaften an Tassilo, der zwar über die Behinderung seiner Leute verärgert war, aber die angebotenen Bedingungen rasch annahm.

Karl stellte Geiseln, um Tassilo sicheres Geleit für ein noch 781 in Worms vereinbartes Treffen zu gewährleisten. Dort wurden reiche Geschenke ausgetauscht, wie es zur Inszenierung eines Friedens- und Freundschaftsvertrags gehörte. Tassilo stellte nun seinerseits zwölf auserlesene Geiseln und wurde in die Heimat entlassen. Von dort ließ er durch Bischof Sindpert von Regensburg die fränkischen Geiseln nach Quierzy bringen und versuchte nochmals mit Hilfe der Brüder Machelm und Wenilo Verbindung mit Rom aufzunehmen; doch erlagen beide Gesandte dem römischen Fieber. Die Abmachungen von Worms aber hielten mehr als ein halbes Jahrzehnt und wurden auch nicht durch einen Grenzkrieg im Raum von Bozen ernsthaft gefährdet. Im Jahre 784 stieß der nun fränkische Graf von Trient nach Südtirol vor, wobei er die Etschtaler Besitzungen zurückerobern wollte, die König Liutprand gewonnen und König Desiderius an seinen bayerischen Schwiegersohn als Mitgift gegeben hatte. Die Angreifer verwüsteten Bozen und Umgebung, wurden aber von den Bayern zurückgeschlagen und erlitten schwere Verluste. Einem regionalen fränkisch-langobardischen Aufgebot waren die Bayern demnach durchaus gewachsen.

Aber das Jahr 784 brachte nicht bloß Erfolge. Um diese Zeit verlor Tassilo wichtige Berater und Helfer. Spätestens im Frühjahr 783 war Bischof Arbeo von Freising gestorben, im Jahre 784 verschied Abt Oportunus von Mondsee, und im Spätherbst 784 folgte Virgil von Salzburg. Arbeo wurde noch 784 durch einen der beiden geistlichen Gesandten von 781, durch Abt Atto von Schlehdorf, und Virgil 785 in Salzburg durch Arn, den Abt von Saint-Amand-les Eaux zu Elnon und ehemaligen Freisinger Kleriker, ersetzt. Diese Personalentscheidungen erfolgten wahrlich nicht gegen den Willen des Frankenkönigs. Im Gegenteil: Von Arn ist die Selbstaussage überliefert, dass er sein Bischofsamt allein Karl dem Großen verdanke. Dass Arbeo »den Franken treuer war« als dem bayerischen Herzogspaar, ist eine späte Behauptung der Freisinger, um sich in einem Rechtsstreit, den Erzbischof und Königsbote Arn am Beginn des 9. Jahrhunderts als Gerichtsvorsitzender zu entscheiden hatte, ein gutes *argumentum ad hominem* zu verschaffen. In Wirklichkeit hatte Tassilo in der Mitte der 780er-Jahre zwei treue Helfer verloren, die gegen Leute ausgetauscht wurden, die Karl zumindest genehm waren, wenn sie ihm nicht sogar nahestanden. Fast gleichzeitig mit Arbeo starben Bertrada, die Mutter, und Hildegard, die schwäbische Königin Karls, und damit zwei Frauen, die für einen friedlichen Ausgleich zwischen den Vettern standen. Es wurde rasch einsam um Tassilo.

DIE STRATEGIE KARLS DES GROSSEN

Seit 781 und auch nach 784 hört man nichts mehr von Kämpfen noch von diplomatischen Konflikten mit den Franken, bis der Bayernherzog 787 seine Stellung derart gefährdet sieht, dass er den Papst abermals um Vermittlung anruft. Wieder lässt sich kein konkreter Anlass für die drohende Auseinandersetzung nennen. Die Ursache dürfte jedoch in der großräumigen Strategie Karls gelegen sein: Im Jahre 785 hatte der Frankenkönig mit der Unterwerfung Widukinds die Sachsen, wenn auch voreilig, für besiegt erklärt. Im darauf folgenden Jahr hatte er die Eigenständigkeit des alten thüringischen Adels gebrochen und auch ostfränkische Unzufriedene zur Räson gebracht. Nun sollten der unruhige Südosten und Süden seines Reichs befriedet werden. So ging Karl gegen drei seiner ehemaligen Schwäger nach einem klaren strategischen Konzept vor: gegen Adelchis, den nach Byzanz geflohenen Desiderius-Sohn und langobardischen Mitkönig (759–774), gegen den einen Desiderius-Schwiegersohn, den beneventanischen Herzog und Fürsten Arichis II. (758/74–787), und gegen den anderen Schwiegersohn, den Bayernherzog Tassilo III.

TASSILOS ZWEITE FRÄNKISCHE JAHRE 787/88

Zu Jahresanfang 787 traf der König in Rom ein, um einen Zug gegen das junge Fürstentum und alte Herzogtum Benevent vorzubereiten. Bei Karls Anrücken zog sich Arichis II., »Fürst des Volkes der Langobarden«, in seine Festung Salerno zurück und bot Verhandlungen und Geiselstellungen an. Die Beneventaner leisteten den Treueid wie im Jahr zuvor die Thüringer.

Zu Ostern 787 ist Karl wieder in Rom. In Anwesenheit des Papstes empfängt er abermals zwei Gesandte Tassilos, den Salzburger Bischof Arn und Abt Hunrich von Mondsee. Die Verhandlungen endeten jedoch schneller noch als 781 mit einem Eklat: Papst und König erklärten, die Gesandten verfügten über keine ausreichenden Vollmachten. Sodann wurden die beiden Bayern mit dem Auftrag des Papstes heimgesandt, Tassilo unter Androhung des Kirchenbanns zur Einhaltung seiner Treueverpflichtung zu ermahnen. Die Folgen eines möglichen Angriffskriegs der Franken kämen sonst über ihn. Danach eilte Karl der Große nach Norden, wo er auf einem Reichstag zu Pavia präventive Maßnahmen gegen den letzten Restaurationsversuch des Langobardenkönigs Adelchis ergriff. Zahlreiche langobardische Große wurden ins Frankenreich deportiert. Damit war nach dem Beneventaner Herzog Arichis II. der andere Gegner, hinter dem unmittelbar die byzantinische Großmacht stand, ausgeschaltet. Der Bruch zwischen Byzanz und den Franken manifestierte sich 787 auch am endgültig gescheiterten Eheprojekt zwischen der Karlstochter Hrodrud und Konstantin, dem Sohn der Kaiserin Eirene.

Nach Pavia ging Karl in die Francia zurück und ordnete von dort aus nach Scheinverhandlungen mit Tassilo den konzentrischen Angriff dreier mächtiger Heersäulen auf Bayern an. Der König rückte mit seinen Franken vom Rhein bis Augsburg vor. Die Ostfranken, Thüringer und Sachsen sammelten sich bei den Fergen (= Fährleuten), bei Pföring an der oberbayerischen Donau. Die Langobarden unter Karls Sohn Pippin von Italien marschierten bis Trient, wo der junge König auf Befehl des Vaters blieb, sein Heer aber bis Bozen weiter zog. Diesem riesigen Truppenaufgebot war der Bayernherzog in keiner Weise gewachsen.

Tassilos Kapitulation

»Wie nun Tassilo erkannte, dass er von allen Seiten umzingelt war, und mit ansah, wie die Bayern alle dem König Karl treuer waren als ihm und das Recht des erwähnten Königs anerkannten, (...) kam er, von allen Seiten gezwungen, persönlich (auf das Lechfeld), gab sich dem König als Vasall in die Hände, erstattete ihm das von König Pippin übertragene Herzogtum zurück und gestand, in allem gefehlt und übel getan zu haben. Dann erneuerte er wieder den Eid, stellte zwölf auserlesene Geiseln und seinen Sohn Theodo als Dreizehnten.« So berichten die höchst parteiischen, auf Tassilos totale Demütigung ausgerichteten Reichsannalen, und Annalen aus dem benachbarten Alemannien fügen hinzu, Tassilo habe sein Land zusammen mit einem Szepter oder Stab ausgeliefert, der oben in der Darstellung einer Menschenfigur, einer *imago hominis*, endete. Dabei dürfte es sich um ein besonderes legitimierendes Heilszeichen der Agilolfinger gehandelt haben. Die Menschendarstellung am Stabende symbolisierte möglicherweise den Spitzenahnen des Herzogsgeschlechts und/oder den des Volkes. Die Übergabe des Stabes an den Karolinger, der weder zur agilolfingischen Familie noch zum bayerischen Volk gehörte, bedeutete jedenfalls die totale Unterwerfung Tassilos und den Verzicht auf jede eigenständige Ableitung agilolfingischer Herrschaftsrechte über Bayern. Mit der Aufgabe der agilolfingischen Identität war er tatsächlich Karls Vasall geworden, der sich mit der Annahme von Geschenken, darunter einem Streitross, in eine, von seinem Gegner großartig inszenierte Abhängigkeit begab. Der Frankenkönig belehnte Tassilo mit dem Herzogtum Bayern sowie mit Ingolstadt an der oberbayerischen Donau und Lauterhofen in der Oberpfalz. Beide Nordgauer Höfe waren spätestens 743 fränkisch geworden; sie sollten 787 als fränkische Lehen den Bayerherzog binden und damit die für viele fragwürdige Belehnung mit Bayern rechtlich absichern. Es ist aber nicht möglich, mit diesen Vorgängen ein neues karolingisches Lehenswesen zu begründen. Vielmehr ging der Agilolfinger in der merowingischen Tradition gleich einem kleinen landlosen Krieger eine vasallitische Bindung ein, die ihm nach eigener Aussage das Leben unerträglich machte. Ein irischer Beobachter bezeichnete den Bayernherzog als *puer*, was wohl nicht mit Knabe, sondern mit dem aus dem Keltischen stammenden Wort »Vasall« zu übersetzen ist und nicht weniger demütigend war.[20]

Der scheinbare Friede von 787 hielt kaum ein Jahr; schon 788 wollte Karl den Fall Tassilos endgültig lösen. Die geschickte Politik des Frankenkönigs hatte den Bayernherzog nahezu aller Rückhalte beraubt: Die seit 716 traditionell guten Beziehungen der Agilolfinger zu den Päpsten, die vielleicht noch 781 ein wenig Wirkung zeigten, hatte Tassilo spätestens 787 verspielt; das langobardische Königreich war 774 fränkisch geworden; die byzantinischen Stützpunkte in Istrien und in der venezianischen Lagune waren zu schwach, um außerhalb ihrer engen Grenzen militärisch einzugreifen; das Gleiche galt für die Reste der langobardischen Staatlichkeit in Süditalien, abgesehen davon, dass sie sich außer Reichweite befanden und von den Byzantinern bedroht wurden; Sachsen und Thüringer waren ausgeschaltet. So blieb nur das Bündnis mit den Awaren. Diese Politik wird heute noch als Verzweiflungstat Tassilos und als Landesverrat bezeichnet, wofür er selbst nach bayerischem Recht den Tod verdient hätte. Nun gab es aber alte Verbindungen mit den Awaren, ja man war ihnen sogar über die Grenzen hinweg durch Eide verpflichtet. Kein Wunder, dass Tassilos Awarenbündnis selbst den offiziösen Reichsannalen bloß als »Illustrationsdelikt« und nicht als Hauptpunkt der Anklage diente. Auch den Zeitgenossen muss die agilolfingisch-awarische Allianz durchaus als ein Mittel der Politik gegolten haben, deren größter Mangel wohl nur darin bestand, dass sie erfolglos blieb. Die Awaren hatten ihre Schlagkraft längst eingebüßt.

4 Der Skandalprozess von Ingelheim 788

Die Lehensauftragung Bayerns war Karl dem Großen offenkundig nicht genug. Er hatte längere Zeit in Ingelheim am Rheinknie verbracht und berief hier im Spätfrühling 788 eine allgemeine Reichsversammlung ein. Tassilo wurde vorgeladen und kam seiner vasallitischen Pflicht wie alle anderen Lehnsträger nach.

Schwerwiegende Vorwürfe
In Ingelheim traten vor dem Frankenkönig »treue Bayern« gegen den Herzog auf und klagten ihn an: Er habe mit den Awaren ein Bündnis geschlossen, versuche die Königsvasallen in Bayern zu vernichten und habe seinen Leuten befohlen, dem König gegenüber stets nur falsch zu schwören. Der zuletzt genannte Vorwurf dürfte schwer, wenn nicht am schwersten gewogen haben. Nach dem erst zwei Jahre zuvor niedergeschlagenen Thüringeraufstand von 786 wurde die gesamte freie wie unfreie Elite im Reich verpflichtet, einen Eid auf Karl den Großen abzulegen. Nicht unmöglich, dass die Weigerung Tassilos, seine Bayern den allgemeinen Eid auf den Frankenkönig leisten zu lassen, die Krise von 787 auslöste und 788 über den Sturz des Herzogs entschied. Was ihm nämlich sonst noch vorgeworfen wurde, wirkt zwar beeindruckend, ist aber illustrativ und zumeist konstruiert: So wolle er lieber zehn Söhne verlieren, als sich an die Abmachungen mit Karl halten. Auch erinnerten sich die versammelten »Franken und Bayern, Langobarden und Sachsen an seine früheren Untaten und auch daran, wie er den Herrn König Pippin auf dem Heereszug verließ und dabei das beging, was man in der (germanischen) Volkssprache, in der *theodisca lingua*, den *harisliz* nennt«. Die Beschuldigung des unerlaubten Verlassens (wörtlich: des Verschleißens) des Heeres be-

ruhte auf einem erst 788 erurteilten Vergehen, das nun Tassilo für 763 angelastet wurde. Folglich habe der Angeklagte dafür den Tod verdient.

DER PROZESS IM SPIEGEL DER QUELLEN

Soweit der Bericht der offiziösen Reichsannalen, der freilich einer Korrektur bedarf. Die Murbacher Annalen stimmen zwar mit den Reichsannalen bezüglich des Beginns wie des Ergebnisses weitgehend überein, stellen aber den Verlauf des Prozesses völlig anders dar: Tassilo folgte der Vorladung nach Ingelheim. Danach wurden Liutpirc, die Kinder des Herzogs wie seine engste Umgebung und sein Schatz, die ökonomische Grundlage seiner Herrschaft, gleichsam eingesammelt und ebenfalls nach Ingelheim gebracht, was einige Zeit in Anspruch genommen haben muss.

In den 1970er-Jahren fand Bernhard Bischoff verschollene »Salzburger Formelbücher und Briefe aus Tassilonischer und Karolingischer Zeit«. Darin ist der Brief eines anonymen Bischofs enthalten, sofern die Selbstbezeichnung des Schreibers *in honore apostolice praeclaro* so richtig verstanden wird. Der Absender, der sich auf einen Auftrag der Herzogsfamilie beruft, fordert darin die Herzogstochter Cotani in unerträglich gespreizter Form auf, alles Nötige für die Abreise ins Frankenreich vorzubereiten. Ihr Begleiter soll ein Presbyter aus Tassilos Umgebung namens Liutprand gewesen sein, der bereits Verhandlungen mit dem König (Karl) geführt habe.

Der Brief, der von Ergebenheit trieft, schließt unvermittelt mit den harschen Worten: »Das ist ein Befehl, keine Bitte.« Schwer vorstellbar, dass der Briefschreiber Arn von Salzburg war. Und dennoch spricht einiges für ihn als Absender.

Erst nachdem Tassilos Familie, seine Leute, darunter die ebenfalls zum Verhör geladenen Ratgeber, und seine Schätze in Ingelheim eingetroffen waren, wurde er von Franken ergriffen, entwaffnet und vor den König gebracht, der ihn nach kurzer Wechselrede zur Mönchung und lebenslangen Klosterhaft verurteilte. Nach anderer Lesart soll der Herzog diese Lösung des Konflikts von sich aus angestrengt haben. Tassilo bat jedenfalls, die demütigende Handlung der Scherung möge nicht vor der Reichsversammlung vollzogen werden. Karl erfüllte diese Bitte des Herzogs auch und ließ Tassilo am 6. Juli 788 im nahe gelegenen Kloster St. Goar scheren. Danach wurde der Herzog ins westfränkische Jumièges an der unteren Seine eingeliefert.

Die beiden Berichte unterscheiden sich vor allem darin, dass nach den Murbacher Annalen nur die Franken die Initiative ergreifen, während es in den Reichsannalen die Repräsentanten der theodisk (= germanisch) sprechenden Völker sind, die die Verurteilung Tassilos zum Tode fordern. Diese Völker hatten aber die Reichsannalen im Wesentlichen bereits zu 787 genannt, und zwar die Karl treuen Bayern sowie die Angehörigen der von Norden an die Donau und von Italien nach Bozen vorstoßenden Armeen. Ostfranken samt den Thüringern, Sachsen und Langobarden hatten jedoch alle gerade erfolglose Aufstände und Rebellionen gegen Karl den Großen und die Franken hinter sich. Die Nennung dieser unruhigen Völker als Motoren des Sturzes Tassilos diente offenkundig einem didaktischen Zweck: Sie alle sollten einsehen, in Ingelheim richtig gehandelt zu haben. Sonst würde es ihnen wie ihren 785/86 besiegten Landsleuten, ja selbst wie dem einst so mächtigen Bayernherzog ergehen.

Wie sehr diese Stelle konstruiert wurde, dürfte auch die Nennung der Langobarden als theodisk sprechendes Volk beweisen. Schon um 770 heißt es im bayerischen Abrogans *Lancparta daz sint Rumare*, »die Langobarden, das sind Römer«, und diese sprachen romanisch. Daran ändert auch Karls Erklärung in einem 801 für die Langobarden erlassenen Gesetz nichts, er gehöre selbst zu denjenigen, die *heresliz* in ihrer *theodisca lingua* als Majestätsverbrechen bezeichnen. Ausdrücklich werden 845 in Trient die Langobarden von den *Teutisci*, bei denen es sich um Bayern und keineswegs schon um Deutsche handelte, unterschieden.[21]

Das Schicksal von Tassilos Familie

Tassilos Verurteilung reichte nicht aus, um alle Agilolfinger als Herzöge der Bayern auszuschalten. Kein fränkisches Volksrecht enthielt einen Artikel, der den Karolingern das fränkische Königtum oder wenigstens den Prinzipat über die Franken garantiert hätte. Die bayerische Lex aber hatte das Herzogtum den Agilolfingern ausdrücklich verbrieft. Daher musste nicht bloß Tassilo zum Tode und Besitzverlust verurteilt, sondern auch seine Kinder und die Herzogin mussten in dieselbe Lage versetzt werden. Der Sohn und Erbe Theodo wurde wohl deswegen in St. Maximin bei Trier »vermöncht«, wo er an einem 8. Oktober starb, weil er als Geisel die Rechtsfolgen des väterlichen Geiselgebers zu erleiden hatte, ohne dass ihn eine persönliche Schuld traf oder ihm nachgewiesen werden konnte. Tassilos Gemahlin Liutpirc wollte angeblich ihren Vater Desiderius rächen und galt daher als Anstifterin und Mittäterin der tassilonischen Treulosigkeit, was die Verhängung der Klosterhaft auch über sie hinlänglich erklären würde. Über Theodos jüngeren Bruder Theodebert und die beiden Schwestern Cotani und Hrodrud, die ebenfalls im Kloster verschwanden, fällt kein Wort der Anklage. Nach dem Salzburger Verbrüderungsbuch wurden Liutpirc und ihre Töchter in Corbie verwahrt. Eine andere Überlieferung versetzt die Mädchen getrennt nach Chelles und Laon. Das muss kein Widerspruch sein – die unterschiedlichen Angaben beziehen sich vielleicht auf verschiedene Abschnitte ihrer Gefangenschaft. Auch Tassilo scheint bis zu seinem Tode in verschiedenen Klöstern interniert gewesen zu sein; sicher überliefert sind St. Goar, Jumièges und Lorsch.[22]

5 Karl der Große erwirbt das Volk der Bayern: 788–798

Für die lebenslange Verwahrung Theodeberts und seiner beiden Schwestern bestand kein rechtlicher Grund. Die Ausschaltung der gesamten bayerischen Herzogsfamilie war demnach ohne ordentliches Gerichtsverfahren erfolgt und konnte nicht anders denn als Rechtsbruch gelten. Daher wurde die Vorgangsweise Karls des Großen nicht überall widerspruchslos hingenommen. Schon zum Jahr 788 hatten die Reichsannalen eingeräumt: »Wenige Bayern, die in Feindschaft gegen König Karl verharren wollten, wurden verbannt.« Das Recht der Bayern und die Decreta Tassilonis blieben jedoch weiterhin in Kraft. Das Volk der Bayern hatte mit der Ausschaltung der Agilolfinger nicht zu bestehen aufgehört, ja der Frankenherrscher hatte es als Ganzes erworben.[23] Weiterhin musste Karl mit der politischen Einheit Herzogtum Bayern, ja selbst mit einem Herzog der Bayern rechnen.

Dafür spricht nicht bloß das Diplom, mit dem der Frankenkönig am 25. Oktober 788 das Männerkloster Herrenchiemsee seinem Hofkaplan, (Erz)bischof Angilram von Metz, übertrug. In der Narratio heißt es, die bösen Männer Odilo und Tassilo, des Königs Blutsverwandter, hätten das Herzogtum Bayern ungetreu dem Frankenreich entzogen, ein Missstand, der nun mit Gottes Hilfe behoben wurde. Trotzdem nennt der Schlusssatz der Dispositio an der Spitze derjenigen Personen, die die Schenkung zu respektieren hätten, noch immer einen Dux. Auch hielt man dafür, Karl der Große setze das bayerische Herzogtum fort und nehme »das Bayernland in seine unmittelbare Verfügungsgewalt«. Folgerichtig datieren bayerische Urkunden nach den Jahren von Karls bayerischem Herzogtum. Aber es war auch möglich, dass man sich in Freising bei Güterschenkungen noch im Februar 789 auf die Zustimmung Tassilos berief und – wie in Passau – nach dessen Herrscherjahren datierte.[24] Tassilo sei nur »aus seinem Reich transferiert worden«, und Karl habe ihn zum

Kleriker gemacht, kann man lesen. In dieser unsicheren Lage hielt es der Frankenkönig für nötig, zwischen 788 und 794 dem Bayernrecht einen Absetzungsparagraphen hinzufügen zu lassen. Darin heißt es, dass der Bayernherzog sein Herzogtum verliert, wenn er in rebellischer Überheblichkeit die Befehle des Königs missachtet. Karl der Große und seine Beauftragten wollten offenkundig mit dieser Anlassgesetzgebung zukünftigen Schwierigkeiten in und mit Bayern vorbeugen, ohne Tassilo namentlich zu nennen.

DIE NEUE HERRSCHAFT

Angeblich waren es bloß »wenige Bayern«, die Widerstand leisteten. Man schickte sie ins Exil. Die meisten wurden jedenfalls gebraucht und ließen sich gern brauchen, um gegen die Awaren zu ziehen. In völliger Verkennung ihrer militärischen Möglichkeiten hatten die östlichen Nachbarn für ihren Verbündeten Tassilo Partei ergriffen; doch reichte es bestenfalls zur Beunruhigung der Südostgrenze des Frankenreichs. Die Offensive der Awaren war 788 schon zu Ende, bevor sie noch die Grenzen ihres Reichs überschreiten konnten. Die Kämpfe boten eine günstige Gelegenheit, die Vorteile der fränkisch-bayerischen Waffenbrüderschaft zu demonstrieren, und die Siege lehrten, über welch ausgezeichnete Feldherren der Frankenkönig verfügte. Außerdem hielt es Gott auch diesmal mit den stärkeren Bataillonen: Bei allen Schlachten »waren König Karls Beauftragte dabei, und mit des Herrn Schutz fiel der Sieg an die Christen«.

Im Herbst 788 ging Karl der Große in eigener Person nach Regensburg und traf dort entsprechende Anordnungen für die Organisation des Grenzschutzes gegen die Awaren. Gelang deren Unterwerfung, bestand Aussicht auf enorme Beute an Edelmetallen, aber auch auf eine außerordentliche Erweiterung des bayerischen Regnum, das im Auftrag Karls des Großen von seinem Schwager Gerold I. spätestens ab 791 bis Spätsommer 799 regiert wurde. Einhards berühmter Satz, Tassilos »Land wurde künftig keinem Herzog, sondern Grafen zur Leitung übertragen«, meint nämlich nicht die Aufteilung Bayerns in Grafschaften, sondern die sukzessive Einsetzung je eines Großgrafen für ganz Bayern. Gerold I. eröffnete die Reihe dieser auch Präfekten genannten Mandatsträger. Er war mit den schwäbischen Agilolfingern verwandt und ein Bruder Hildegards, derjenigen Frau Karls des Großen, deren Söhne Karl, Pippin und Ludwig der Vater als seine einzigen rechtmäßigen Erben anerkannte und von denen alle regierenden Karolinger bis zum Ende der Dynastie in West und Ost abstammten. In der Geschichte überwiegen die Kontinuitäten bei weitem die Brüche, und seien sie scheinbar noch so radikal gewesen; vieles, was wie ein totaler Neuanfang anmutet, hat nicht selten eine lange Vorgeschichte.

DER AWARENKRIEG VON 791

Die bayerische Frage schien vorerst einmal geklärt. Und außerdem konnte man sich darauf verlassen, dass der schwelende Konflikt mit den Awaren seine Schuldigkeit tun würde. Karls Umgebung rechnete schon seit geraumer Zeit mit der Möglichkeit eines Präventivschlags, und als 790 die Verhandlungen mit den Awaren platzten, war der Krieg beschlossene Sache. In diesem Falle musste der Traungau zum Aufmarschgebiet der fränkischen Völker werden. Das hieß mit anderen Worten: Abt Fater hatte den Frankenkönig und sein Heer in unmittelbarer Nachbarschaft Kremsmünsters zu erwarten. Wenn aber irgendein bayerisches Kloster tassilonisch war und seine Entstehung dem abgesetzten Agilolfingerherzog verdankte, war es dessen Stiftung an der oberösterreichischen Krems. Karls bevorstehender Zug nach Pannonien bedrohte also zunächst einmal Tassilos Gründung. So packte denn dessen ehemaliger Vertrauter und Kaplan Fater den Stier bei den Hörnern, nahm die Urkunde von 777 und ging mitten im Winter zum königlichen Heerlager nach Worms am Rhein. Wie seinerzeit Abt Beatus von Sesto, der eine Schenkung des vertriebenen Langobardenkönigs Adelchis zur Bestätigung einreichte, wurde auch Fater von Kremsmünster klargemacht, was der große Karl von tassilonischen Rechtstiteln hielt. Eine Klostergründung könne »aufgrund der Urkunde des genannten Tassilo keineswegs als fest und sicher gelten«. Trotzdem erklärte sich Karl bereit, nach Prüfung der Tassilo-Carta ihren Wortlaut anzuerkennen und in ein königliches Privileg zu inserieren. Damit gerüstet, war jedenfalls Kremsmünster auf die fränkische Invasion besser vorbereitet als die Awaren östlich der Enns.

Im Spätsommer 791 griff Karl der Große das Awarenreich an der Donau wie an der Karstfront an. Im heutigen Slowenien wurde siegreich gekämpft. Entlang der Donau trafen die fränkischen Heere entweder auf keinen oder bloß schwachen Widerstand. An der Raab mussten die Angreifer jedoch umkehren, weil neun von zehn Pferden an einer Seuche zugrunde gingen und sich überdies die schlechte Jahreszeit ankündigte. Nach seiner Rückkehr aus Pannonien blieb Karl der Große fast zwei Jahre lang in Bayern, und zwar vornehmlich in Regensburg; noch nie war er so lange an einem Ort gewesen. Während seines dortigen Aufenthalts erfuhr Karl 792 vom Aufstandsversuch seines buckligen Sohns Pippin; von hier aus ergriff er erfolgreiche, aber zeitraubende Gegenmaßnahmen.

Ein vordringliches Problem bildete schließlich die Frage, wie Karl der Große bezüglich des bayerischen Kirchenbesitzes entscheiden werde. In dem Jahrfünft zwischen 788 und 793 gingen die Klostergründungen der Agilolfinger wie ihres Adels in den Besitz des Frankenkönigs über. Einzig und allein vom Kloster Berg im Donaugau weiß man, wie dies geschah: Nach Tassilos Absetzung übertrug Abt Wolchanhard, der Sohn des Gründers, sein Kloster dem Frankenkönig und bat in der darüber ausgestellten Urkunde um die Verleihung von Schutz und rechtlich-fiskalische Immunität. In ähnlicher Weise kamen wohl etwa auch die beiden Adelsgründungen Metten und Tegernsee in königlichen Besitz. Allerdings überragte die Wirtschaftskraft Tegernsees die von Berg und Metten um ein Vielfaches. Von dort aus wurde vielleicht noch vor Ende des 8. Jahrhunderts oder bald nach 800 das Kloster St. Pölten gegründet. Kein anderes bayerisches Kloster hatte so früh ein Filialkloster östlich der Enns errichtet. Am Ende seines bayerischen Aufenthalts setzte der Frankenkönig 793 einen entscheidenden Schritt zur Befriedung des Landes wie zu dessen tatsächlicher Besitzergreifung, indem er die Güter aller bayerischen Hochkirchen garantierte, sie als deren Eigentum erklärte und damit vor Entfremdungen sicherte. Gleichzeitig dürften auch die weltlichen Inhaber von bayerischem Herzogsgut begünstigt worden sein.

FRANKFURT 794

Im Spätherbst 793 verließ Karl der Große die nun bayerische Königsstadt Regensburg, feierte Weihnachten in Würzburg und erreichte im Anschluss Frankfurt, wo er die Vorbereitungen für das Ende der Tassilo-Affäre traf. Für Anfang Juni 794 hatte Karl der Große eine religionspolitisch äußerst wichtige Generalsynode nach Frankfurt einberufen, an der päpstliche Legaten, viele Mitglieder der fränkisch-langobardischen Reichskirche wie der angelsächsischen Kirche sowie zahlreiche weltliche Große teilnahmen. Im Zuge der Synode wurde Tassilo vor die Reichsversammlung zitiert, um wieder Objekt einer perfekten Inszenierung zu werden. Der ehemalige Bayernherzog »stand in der Mitte des hochheiligen Konzils und bat um Gnade für sein schuldhaftes Verhalten« seit den Tagen König Pippins wie für seinen Treubruch gegenüber König Karl. Darauf verzichtete Tassilo in seinem und im Namen seiner Söhne und Töchter auf sein Recht am Herzogtum der Bayern wie auf alles Eigentum im Lande. Die Kinder empfahl er der Gnade des Königs; seine Gemahlin Liutpirc erwähnte er mit keinem Wort. Wahrscheinlich lebte sie zu diesem Zeitpunkt nicht mehr; der getreue Salzburger, der ihren Namen im Verbrüderungsbuch in die Liste der toten Herzöge einfügte, dürfte diesen Akt der Pietät vor Juni 794 gesetzt haben.

Über die Verhandlungen zu Frankfurt wurde ein Schriftstück in dreifacher Ausfertigung ausgestellt. Dann ging Tassilo mit einem der drei Pergamente – die beiden anderen wurden in der Hofkapelle und beim Pfalzrichter hinterlegt – in sein Kloster zurück, wo er an einem 11. Dezember unbekannten Jahres starb. Nun erst endete rechtlich das agilolfingische Herzogtum der Bayern, und auch der nach 788 in die Lex eingefügte Absetzungsparagraph war hinfällig geworden.

DIE EINRICHTUNG DER BAYERISCHEN KIRCHENPROVINZ 798

Zur vollständigen Erwerbung Bayerns fehlte nur noch die Einrichtung einer Kirchenprovinz, die fast alle Bayern als einziges Volk der bonifatianischen Germania umfassen sollte. Das Erzbistum Salzburg entstand allein auf Betreiben Karls des Großen, der auch die Person des neuen Erzbischofs auswählte und dessen Amtssitz bestimmte. Nicht unmöglich, dass die Entscheidung vom 20. April 798, als Arn von Papst Leo III. in Rom das Pallium empfing, den Tod Tassilos III. voraussetzte, hatte doch die bayerische Kirche den Agilolfingerherzog so eindrucksvoll als ihr Oberhaupt anerkannt. Leo III. begründete seine Entscheidung in zweifacher Weise und teilte sie den bayerischen Bischöfen mit: Erstens hätten sie ihn darum gebeten, was kaum anzunehmen ist. Zweitens habe er deswegen so gehandelt, »weil dieses Land« von König Karl so »wunderbar und vollständig, wie es sich gehörte, geordnet worden war«, was der karolingischen Lesart entsprach. Warum sich Karl für Salzburg entschied, wird nirgends gesagt, kann jedoch begründet vermutet werden: Von allen bayerischen Bistümern besaß die Abtei St. Peter, der Sitz des Salzburger Oberhirten, die stärkste Wirtschaftskraft, die auch eine besondere Entfaltung des kulturellen Lebens erlaubte. Bereits unter Arns Vorgänger Virgil umfasste der Konvent mehr als 100 Mitglieder, von denen nicht wenige sich große Verdienste um die Karantanenmission erworben hatten. Daran knüpfte Arn erfolgreich an, so dass der Frankenkönig zunächst nur ihn allein auch für die pannonische Mission nördlich der Drau einsetzen wollte.

6 Grenzen und Völker des tassilonischen Bayern

AUSDEHNUNG BAYERNS ZU ZEITEN TASSILOS

Bereits um 565 galt der Lech als bayerischer Fluss. Im 8. Jahrhundert war er der westliche Grenzfluss Bayerns; hier kam es 743 zur Auseinandersetzung Karlmanns und Pippins mit ihrem Schwager Odilo, und hier kapitulierte 787 Tassilo vor seinem Vetter Karl dem Großen.

Im Norden wurde das tassilonische Bayern im Wesentlichen durch die Donau und den Nordwald begrenzt, der sich nach heutigen Begriffen mit einem zur Donau erweiterten Bayerischen Wald weitgehend deckte. Allerdings hieß das Land nördlich der Donau der Nordgau – ein Name, der nur Sinn gibt, wenn er von Bayern südlich des Stroms für bayerisches Siedlungsgebiet jenseits der Donau gegeben wurde. Archäologische Ausgrabungen Hermann Dannheimers bestätigen eine frühe bayerische Anwesenheit im Nordgau. Sehr wahrscheinlich wurden dessen westliche und mittlere Gebiete in den 720er-Jahren durch Karl Martell oder spätestens 743 durch dessen Söhne von Bayern abgetrennt. Während Odilo und Tassilo das in der Further Senke liegende Chammünster gründen und wiederherstellen konnten,[25] waren die Königshöfe Ingolstadt am linken Donauufer und Lauterhofen im Zentrum des Nordgaus 787 in fränkischem Besitz. Der Nordgau war weitgehend von Wald bedeckt; die beiden Königshöfe dürften daher einen Großteil seines erschlossenen Siedlungsgebiets umfasst haben.

Im Osten bildete der relativ kurze Süd-Nord-Lauf der Enns zwischen Bayern und dem awarisch-slawischen Reich eine »sichere« oder, besser, eine »sichtbare (weil nasse) Grenze«, die freilich alles andere als einen Eisernen Vorhang darstellte.

Das Gegenstück zum Nordgau bildete der Sundergau, der Südgau, der jedoch bereits im Raum von Wörgl endete, wo der Inn das Gebirge verlässt. Ebenfalls am Nordrand der Alpen verlief dort eine Grenze, wo die Salzach heute die Stadt Salzburg durchfließt. Diese Grenze durchschneidet die Stadt und ihr

Das bayerische Herzogsgut zur Zeit Tassilos III. (DB 378f.)

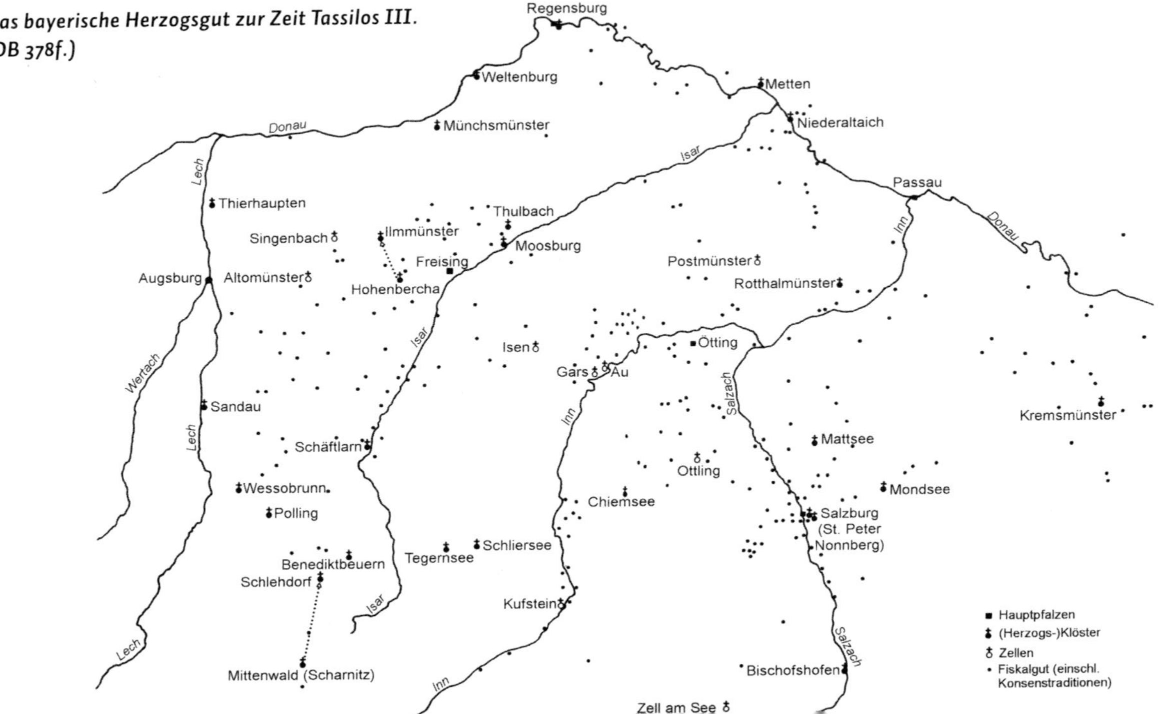

Ortsnamenbefund

Der Ortsnamenbefund auf beiden Seiten der Enns lehrt zweierlei: Zum einen begann die bayerische Übernahme niederösterreichischer Toponyme und Hydronyme bereits im 7. Jahrhundert. Zum andern gab es Slawen westlich der Enns bis zur Traun und am linken Donauufer oberhalb von Linz-Urfahr sowie bis weit ins heutige Mühlviertel hinauf. Diese Slawen sind von den karantanischen Alpenslawen zu unterscheiden, die Herzog Odilo um 740 seiner Herrschaft unterstellte und die Tassilo nach mehreren Aufständen 772 ständig für Bayern sicherte. Damit erweiterte sich Bayern um ein Gebiet, das vom heutigen Osttirol westlich von Lienz bis zu den steirischen Fischbacher Alpen und vom Salzburger Lungau und Ennspongau sowie dem Süden Ober- und Niederösterreichs bis zu den Kärntner Karnischen Alpen und Karawanken sowie bis zur slowenischen Untersteiermark, Štajerska, vielleicht sogar bis zur Save reichte.

Umland von West nach Ost und verläuft vom Untersberg über einst schwer passierbare Moore und die Salzburger Hausberge bis zum Gaisberg und den anderen Ausläufern der Osterhorngruppe. Nördlich davon herrscht die bayerische Toponymie, gibt es die Walchen-Orte, wie eine germanisch sprechende Mehrheit die Romanen nannte, und bloß eine kleine Minderheit romanischer Ortsnamen. Hingegen wirkt das Gebiet südlich der Linie bis zum Pass Lueg so einheitlich vorbayerisch, dass von einer »Salzburger Romania« gesprochen wird. Eine Erklärung dafür wäre, dass die Grenze sowohl am Inn wie an der Salzach aus der Zeit stammt, da hier das gotische Norikum und damit das Italien Theoderichs des Großen begann und die mit Ravenna verbündeten Bayern sich nur bis dahin ausbreiten durften.

Zu Tassilos Zeiten war diese Grenze jedoch gegenstandslos geworden. An der Salzach hatte der Salzburggau diese Linie längst überwunden und umfasste sowohl bayerisch wie romanisch sprechende Gebiete von Laufen bis zum Tennengebirge hinauf. Im heutigen Tirol hatten bayerische Heere den Alpenhauptkamm schon am Ende des 6. Jahrhunderts überschritten und kämpften im Pustertal an der oberen Drau mit wechselndem Erfolg gegen Slawen und Awaren.

Eine auffallende Konzentration von Agilolfingernamen lässt auf eine stärkere bayerische Siedlung im Umland von Bruneck im Pustertal schließen, doch ist die Datierung ihrer Entstehung unsicher. Noch vor 680 ist jedenfalls Bozen bayerisch geworden und kaum wieder verloren gegangen. In Bozen stellte Tassilo III. im Jahre 769 die Gründungsurkunde für Innichen aus, und der Säbener Bischof Alim war prominenter Schlusszeuge. Im frühen 8. Jahrhundert herrschte der Bayernherzog über das Gebiet der »Inntaler«, wohl eher über das Tal oberhalb von Landeck als im eigentlichen Engadin, wie über den Südtiroler Vinschgau. Wahrscheinlich hat sich daran unter Tassilo nichts geändert, so dass die Möglichkeit erwogen wurde, der Bayernherzog sei der erste Gründer von Müstair gewesen.

Kleinräumige Veränderungen erfuhr die langobardisch-bayerische Grenze entlang der Etsch zwischen Meran und Bozen. Die rechte Uferseite des Flusses hieß das Tridentiner Tal, die *vallis Tridentina*, eine Benennung, die eindeutig nach Süden ins Langobardische weist. Als der hl. Corbinian wohl noch 721 von Rom nach Bayern zurückkehrte, lag das Kastell Mais innerhalb der Grenzen des Herzogtums. Als ihn aber seine Leute hier 725 bestatten wollten, benötigten sie die Erlaubnis des Langobardenkönigs Liutprand. Ebenso mussten die Langobarden zustimmen, als der hl. Valentinus um 764 nach Bayern überführt wurde. Hingegen bedurfte die Translatio des hl. Corbinian, die nur wenig später von Mais nach Freising erfolgte, dieser Erlaubnis nicht mehr. Möglicherweise hatte inzwischen die Hochzeit Tassilos mit der langobardischen Prinzessin Liutpirc stattgefunden, wonach die umstrittenen Gebiete wieder an Bayern kamen.

AUS WIE VIELEN VÖLKERN BESTANDEN DIE BAYERN TASSILOS?

Im 8. Jahrhundert waren die Ursprünge der Bayern, die unter Theoderich dem Großen, dem König des italienischen Ostgotenreichs, um 500 als Vereinigung zahlreicher Völker germanischen wie nichtgermanischen Ursprungs, von germanischen Zuwanderern wohl vornehmlich aus Böhmen und germanisch-romanischen Einheimischen entstanden waren, zwar kein Thema mehr. Dass Naristen, Skiren, an die mehrere Ortsname wie Scheyern bei Pfaffenhofen an der Ilm erinnern,[26] Eruler, Donausueben und ganz besonders Alemannen neben Thüringern und Langobarden an der bayerischen Ethnogenese hauptsächlich in der ehemaligen römischen Provinz Rätien II mitgewirkt hatten, spielte um 700 ebenfalls keine ersichtliche Rolle mehr. Vielmehr kennt das bayerische Recht in seiner aus dem 8. Jahrhundert erhaltenen Form nur germanisch sprechende Bayern. Tatsächlich lebten aber im tassilonischen Bayern immer noch beachtliche Gruppen romanischer Herkunft, dazu Reste von Bulgaren und Awaren sowie vor allem Slawen, Letztere auch außerhalb des alpenslawischen Fürstentums Karantanien. Eine bayerische Besonderheit bietet schließlich die Namengebung, die zahlreiche griechische und orientalische, aber auch gotische Elemente enthält (Wolfgang Haubrichs). Davon sind nicht bloß die Personennamen betroffen, sondern auch die Namen der Wochentage Irchtag (Dienstag; = Arestag), Pfinztag (Donnerstag; = Pempti Imera: Fünfter Tag) und Pferintag (Freitag; = Paraskevi: Rüsttag). Die feucht-fröhliche Dult leitet sich von der gotischen *dulths* (= Fest, Eucharistie) her, und die bayerische Maut statt dem fränkisch-alemannischen Zoll ist die gotische *mota*.

DIE ROMANEN ODER WALCHEN

Die germanischen Völker nannten und nennen die Romanen die Welschen oder Walchen, ein Name, der im Slawischen, Griechischen oder Ungarischen zu *Vla(c)h(os)* oder *Oláh* wurde. Die bayerischen Walchen waren rechtlich Bayern und trugen wesentlich dazu bei, dass die weltlichen wie geistlichen

Im 8. Jh. entstandene Fresken in der Kirche St. Prokulus zu Naturns, Vinschgau, Südtirol. Sie stellen möglicherweise einheimische Romanen dar.

Institutionen funktionierten. Ihre Tüchtigkeit dürfte freilich nicht überall auf Gegenliebe gestoßen sein. In den berühmten Kasseler Glossen bringt ein Bayer seine Abneigung gegenüber den Walchen auf diese Weise zum theodisken und mangelhaft lateinischen Ausdruck: *Stulti sunt Romani, sapienti sunt Paioari, modica est sapientia in Romana, plus habent stultitia quam sapientia. Tole sint Ualhā, spāhe sint Peigira; luzīc ist spāhī in Ualhum, mēra hapēnt tolaheitī denne spāhī.* – »Dumm sind die Romanen, klug sind die Bayern, gering ist die Klugheit bei den Romanen, sie haben mehr Torheit als Klugheit.«[27] Der erste bekannte Kanzler eines Bayernherzogs war dagegen wahrscheinlich, der erste herzogliche Kaplan sicher ein Romane; sie nahmen Positionen ein, die lateinische Schriftlichkeit voraussetzte. Romanen wirkten daran mit, dass die Bayern des 8. Jahrhunderts ein traditionelles Urkundenwesen hatten. So bezeugt das in Passau überlieferte Rottachgau-Fragment nicht bloß römische Namen und Rechtsgewohnheiten, sondern ist auch in einer Form abgefasst, dass man lange Zeit nicht entscheiden konnte, ob das Stück aus dem 5. oder – wie richtig – aus der Tassilozeit stammte.

In den Händen der Romanen lagen die Aufrechterhaltung von Handel und Wandel, die Weitergabe der für die Grundstoffproduktion (Salz, Erze) nötigen Kenntnisse, die spezialisierte Landwirtschaft, wie der Obst- und Weinbau, sowie die Almwirtschaft. Im Unterschied zur Aussage der legendären Rupert-Überlieferung vermitteln die Salzburger Güterverzeichnisse den Eindruck, der zweisprachige Salzburggau sei schon vor 700 ein strukturell gut ausgebautes Land gewesen, wofür die einheimischen Romanen maßgeblich verantwortlich waren. Das Gleiche galt für weite Teile Bayerns, weshalb die Entdeckung Hermann Dannheimers, dass auf Herrenchiemsee knapp vor 700 ein (sakraler?) Steinbau errichtet wurde, diesen Befund zwar höchst willkommen, aber keineswegs überraschend bestätigt. Und das Gleiche gilt für einen Steinbau in Passau.

Dazu kam die Hilfe der christlichen Romanen beim Aufbau der ökonomisch-politischen und kirchlichen Administration einschließlich der inneren wie äußeren Mission. Das romanische Christentum in Bayern und Karantanien überlebte zwar ohne Bischöfe, da sich Bistümer bloß jenseits oder am Rande der bayerischen Siedlungsgebiete halten oder, wie wahrscheinlich in Augsburg, früh wieder entstehen konnten. Aber da die Verehrung einer erstaunlich großen Zahl spätantiker Heiliger in Bayern nicht abriss, muss es Verehrer gegeben haben, die die spätantike Tradition weitergaben.

Lebendige Heiligenverehrung

Alte Laurentius-Patrozinien verraten häufig romanische Kontinuität. Aber am 10. August 955, dem Laurentiustag, besiegte Otto der Große die Ungarn auf dem Lechfeld. Danach gab es eine Inflation an Laurentiuspatrozinien, die nichts mehr mit römischen Traditionen zu tun hatten.[28] Die Reliquien des hl. Valentinus wurden seit der Spätantike ohne Unterbrechung in Mais bei Meran verehrt. Nach einem Zwischenaufenthalt in Trient wurden sie um 764 unter tatkräftiger Hilfe Tassilos über

Freising nach Passau gebracht.[29] In Augsburg war die Memoria an die Märtyrerin Afra, die der diokletianischen Verfolgung zum Opfer gefallen war, nicht abgekommen. Dieselbe Verfolgung kostete Florian, den *exprinceps officii* des ufernorischen Statthalters, um 305 das Leben. Der pensionierte Landesamtsdirektor der höchsten Dienstklasse, würden wir heute sagen, erlitt das Martyrium, indem er in die Enns gestürzt wurde. Sein Kult ging hier dagegen bis heute nicht unter – das bekannte Augustinerstift trägt seinen Namen. In Pongau/Bischofshofen blieb die Erinnerung an den hl. Maximilian lebendig. Die Geschichte von der Wiederentdeckung seines Grabes durch Salzburger Romanen diente dazu, die vom hl. Rupert gegründete Maximilianszelle durch ein gottgefälliges Wunder zu legitimieren, und wäre besser als Wiederbelebung eines alten Kultes zu verstehen. Im oberbayerischen Voralpenland werden die Heiligen Marinus und Anianus auf dem Irschenberg (Landkreis Miesbach) bis heute verehrt. Außerdem gibt es den Anianus-Kult in der Kirche von Irschenhausen (Landkreis Bad Tölz-Wolfratshausen).

Die beiden oberbayerischen Orte Irschenberg und Irschenhausen sind nach einem Ursus benannt, nach dem Träger eines der häufigsten romanischen Namen. Als der Aquitanier Emmeram von Poitiers nach Alemannien kam, benötigte er einen Dolmetscher. Dieser war ein Priester mit dem ebenfalls häufigen romanischen Namen Vitalis. Wegen ihrer Mehrsprachigkeit waren Salzburger Romanen maßgeblich an der Karantanenmission des 8. Jahrhunderts beteiligt, wo an christlich-romanische Traditionen angeknüpft werden konnte. So liegt im Gemeindegebiet von Spittal an der Drau flussabwärts die Katastralgemeinde Molzbichl. Hier bestand ein wohl in den späteren 770er-Jahren gegründetes, jedoch früh untergegangenes Kloster, das dem hl. Diakon Nonnosus geweiht war. An ihn erinnert die auf 533 datierte Inschrift seines Grabsteins, der als Spolie verkehrt in dem barocken Altar der Molzbichler Kirche

Nonnosus-Stein aus Molzbichl, Kärnten, mit der Inschrift (in Übersetzung): »Hier ruht der Diener Christi, der Diakon Nonnosus, der ungefähr 53, wohl nicht 103 Jahre lebte, am 2. September starb und an diesem Platz am 20. Juli begraben wurde, in der 11. Indiktion und im 3. Jahr nach dem Konsulat der glanzvollen Männer Lampadius und Orestes.«

hinter einem hölzernen Antependium eingemauert war. Es ist dem vielfach bewiesenen Spürsinn Franz Glasers (Klagenfurt) zu verdanken, dass der Stein freigelegt und umgedreht wurde. So kam der letzte mit einer lateinischen Inschrift versehene römische Grabstein des gesamten Ostalpenraums ans Tageslicht. Der Nonnosus-Stein, der nach Postkonsulatsjahren datiert ist, wurde zwar in das Gotteshaus von Molzbichl erst nachträglich eingemauert, stammt aber aus einer Kirche im Umkreis von Teurnia und steht für die christlich-romanische Kontinuität des Raums.

DIE KARANTANEN SAMT AWAREN UND BULGAREN

Um 600 hatten Slawen unter dem Druck sowie mit der Hilfe der Awaren den Großteil des einstigen Binnennorikums und der alpinen Abschnitte Ufernorikums besetzt, wobei es an der oberen Drau im Bereich von Lienz zu blutigen Auseinandersetzungen mit den Bayern kam. Die ebenso verlustreiche wie erfolglose Belagerung Konstantinopels hatte 626 im Reich der Awaren zahlreiche Abfallbewegungen der unterworfenen Völker ausgelöst. So war das slawische Reich des fränkischen Waffenhändlers Samo (623/24–658/59) entstanden, dessen Zentrum zwar im Böhmischen Kessel lag, das aber auch das Gebiet der Alpenslawen erreichte, wenn nicht umfasste. Der Tod Samos erlaubte die Wiederherstellung der awarischen Herrschaft über weite Teile des slawischen Mitteleuropa. Die Alpenslawen scheinen hingegen ihre Selbständigkeit behauptet zu haben. So konnte ihr Fürst Wallucus sowohl den Franken wie den Awaren gegenüber eine eigenständige Politik betreiben. Er hatte eine von beiden Mächten verfolgte Gruppe von Bulgaren bereits um 631/32 aufgenommen. Die Flüchtlinge hatten die Seiten gewechselt und waren von den Awaren zu den Bayern übergegangen; von ihnen sollten sie aber auf Befehl König Dagoberts I. (623–639) zu Tausenden massakriert werden. Unter der Führung ihres Anführers entkam eine bulgarische Gruppe zu Wallucus und ließ sich in dessen Herrschaftsbereich ein Menschenalter lang nieder.

Erst zwischen 656 und 671 verließen diese Bulgaren, »unbekannt aus welchem Grund«, das werdende Karantanien, gingen zum Langobardenkönig und wurden schließlich zum Großteil in Benevent angesiedelt.[30] Da wandernde Völker nie zur Gänze weiter ziehen, sind auch Bulgaren wie Awaren in Bayern wie in Karantanien verblieben. Bulgarisch-awarische Personennamen in bayerischen Quellen – wie der vereinzelte Ortsname Pulgarn am linken Donauufer östlich von Linz – könnten darauf hindeuten. Noch heute heißt die Kärntner Haimburg-Heunburg, die Hunnen(=Awaren)- oder Hünen(=Riesen)burg, bei den Slowenen *Grad Vovbre*-(mundartlich)*Vobre* von *v´Obre*, bei den Awaren oder bei den Riesen.

Die »Slawen, die Karantanen genannt werden«, bestanden daher auch ihrerseits aus mehreren Völkern. Um 700 dürften die Alpenslawen den Karantanennamen in der Bedeutung von »Steinleute« angenommen haben. Dieser einheimische Name spricht für eine durch Romanen vermittelte, allerdings vorrömische Kontinuität. Folgerichtig blieben die Zentren des römischen Kärnten, das Zollfeld und das Lurnfeld, auch karantanische Herrschaftsmittelpunkte. Eindeutig belegt sind karantanische Walchen-, Vlahi- und Läschitz-Namen. In der Nähe von Teurnia liegt im Oberdrautal der Ort Irschen, der nach einem Ursus benannt wurde. Wenn auch erst im späteren 10. Jahrhundert, ist zwischen St. Veit an der Glan und Feldkirchen ein Kroatengau bezeugt. Die Kroaten trugen ebenfalls einen nichtslawischen, jedoch etymologisch heftig umstrittenen Namen. Diskutiert wird, ob nicht die frühmittelalterlichen Kroaten eine sozial-gentile Gruppe waren, die ursprünglich den awarischen Herren als Sondereinheit diente und später das Zentrum des Widerstands gegen sie bildete. Vorgänge solcher Art könnten hinter dem personalisierten sagenhaften Bericht Fredegars stehen, wonach awarisch-slawische Mischlinge gegen ihre Erzeuger revoltiert und sich dabei der Hilfe Samos versichert hätten. Die Kroaten galten als Leute, »die viel Land besitzen«. An der mittleren Mur im Raum von Radkersburg gibt es Hinweise auf einen einzelnen Du(d)lěben oder auf eine versprengte Kleingruppe des Slawenvolkes, das weit verstreut in Südböhmen wie am ukrainischen Bug siedelte und von den Awaren viel zu erleiden hatte.

Der erste bekannte Karantanenfürst war Boruth, »der Kämpfer«; er herrschte von vor 740 bis um 750. Um 741/42 versuchten die wieder erstarkten Awaren, die Karantanen zu unterwerfen. Diese versicherten sich der Hilfe der Bayern, schlugen unter Führung Herzog Odilos die Angreifer gemeinsam zurück, gerieten aber dabei selbst unter die Oberhoheit der hilfreichen Nachbarn. Die Vergeiselung seines Sohnes Cacatius und des Brudersohns Cheitmar bildete das Unterpfand für Boruths Treue. Beide wurden mit anderen karantanischen Adelssöhnen in Bayern zu Christen erzogen. Cheitmar kam nach Herrenchiemsee und wurde einem Salzburger Priester mit dem romanischen Namen Lupo anvertraut. Auch wurde Boruth zur Leistung von Kriegsdiensten verpflichtet. Bereits im Sommer 743 marschierten karantanische Truppen im Bayernheer gegen die Franken. Nach dem Tod des Vaters kam Cacatius um 750 aus Bayern zurück, wurde von den Karantanen zum Knez erhoben und herrschte von etwa 750 bis 752. Auf ihn folgte sein Vetter Cheitmar, der von 752 bis um 769 Fürst der Karantanen war und der Salzburger Mission das Land öffnete.

Wurden Cheitmars Anfänge noch vom Frankenkönig Pippin I. bestimmt, dürfte Tassilo spätestens um 763, als Cheitmars Herrschaft durch einen heidnischen Aufstand erstmals erschüttert wurde, aktiv in Karantanien eingegriffen haben. Erneut erhoben sich die heidnischen Karantanen um 765 gegen ihren christlichen Fürsten und den bayerischen Herzog; sie machten eine *carmula*, »wie die Bayern dazu sagten«. Auch dieser Aufstand wurde mit Waffengewalt niedergeworfen, doch kam es 769 nach Cheitmars Tod erneut zu einer tiefgreifenden heidnischen Reaktion.

Drei Jahre dauerte der letzte bayerisch-karantanische Krieg, der mit großer Erbitterung geführt wurde. Mit dem Sieg Tassilos, der darum von einem Iren namens Clemens als neuer Konstantin gefeiert wurde, endeten 772 sowohl die Unterbrechung der Salzburger Mission als auch das karantanische Interregnum. Danach wirkte der Bayernherzog bei der Einsetzung eines Karantanenfürsten wohl in der Weise mit, wie dies bei den Nachfolgern Boruths der Fall gewesen war. Genannt wird ein Fürst Waltunc, der aber kaum ein bloßer Beauftragter Tassilos, sondern ein karantanischer Knez wie seine Vorgänger und Nachfolger bis 828 war.

Die Karantanen waren das erste slawische Volk, das eine Herrschersippe mit monarchischer Spitze hervorbrachte, von

Der Fürstenstein der Karantanen, die umgedrehte Basis einer römischen ionischen Säule, ist das älteste nachrömische Herrschaftszeichen des bayerisch-österreichischen Raumes. Er diente zur rituellen Einsetzung der karantanischen Fürsten, Klagenfurt.

deren Mitgliedern einige namentlich bekannt sind. Sie hinterließen mit dem Fürstenstein, der umgedrehten Basis einer römischen ionischen Säule, das älteste erhaltene Herrschaftszeichen des nachantiken bayerisch-österreichischen Raums. Unter der Führung ihrer Fürsten machten sich die Karantanen als erste mitteleuropäische Slawen einen eigenen Namen, der aus dem Lande stammte, behaupteten ihre politisch-ethnische Identität nachweisbar gegen die Awaren und konnten entsprechend ihrer am westlichen Muster orientierten Herrschaftsordnung als erste Slawen erfolgreich, weil »von oben nach unten«, missioniert und christianisiert werden. Im heutigen Molzbichl südöstlich von Spittal an der Drau entstand das älteste Kloster auf slawischem Boden. Die Mission führte im Wesentlichen die Salzburger Kirche durch, die dazu von drei Päpsten des 8. Jahrhunderts autorisiert wurde. Helmold von

Bosau schreibt in der zweiten Hälfte des 12. Jahrhunderts, kein slawisches Volk »sei ehrenhafter und im Gottesdienst wie in der Verehrung der Priester ergebener« als die Karantanen.[31]

Allgemein gilt die Auffassung, die Salzburger hätten in nachhaltiger Weise die Bekehrungsgeschichte Karantaniens monopolisiert.[32] Dieses Urteil ist sicher richtig, ja man könnte den Salzburgern nachsagen, sie hätten alle Informationen unterdrückt, die sich auf die missionarischen Verdienste anderer Kirchen in Karantanien bezogen. Diese hat es sicher gegeben, wenn auch in bescheidenem Ausmaß, weil das nötige Personal fehlte. Dagegen lebten im Salzburger St. Peter des Jahres 784 nicht weniger als 100 Mönche und Kleriker.

Allerdings bemühte sich Tassilo um eine möglichst breite Grundlage der Karantanenmission. Wohl in der schönen Jahreszeit 769 kehrte der Bayernherzog aus Italien zurück und stellte in Bozen die Dotationsurkunde, womit Innichen gegründet wurde, für Abt Atto von Scharnitz-Schlehdorf aus.[33] Zum einen hatte Atto, der spätere Bischof von Freising, darum gebeten, zum andern ging es um die Heimholung der abgefallenen Karantanen. Die Schenkungen an Innichen erstreckten sich bis zur Slawengrenze im heutigen Osttiroler Drautal. Der Missionsauftrag blieb jedoch bloßes Pergament, weil damit die personellen Möglichkeiten Innichens, das noch 816 als *cellula*, Klösterlein, bezeichnet wurde, überfordert waren.

Nicht reicher dürften die Personalreserven des Innicher Mutterklosters Scharnitz-Schlehdorf und wahrscheinlich auch die des späteren bischöflichen Eigentümers Freising gewesen sein. Am ehesten sind es die berühmten Freisinger Denkmäler, die ältesten liturgischen Texte in slawischer Sprache und lateinischer Schrift, die auf missionarische Aktivitäten Freisings schließen lassen. Harald Krahwinkler schreibt die Entstehung der Texte der »Epoche des Bischofs Abraham von Freising (957–994)« zu. Er meint aber auch: »Die aus dem 9. Jahrhundert stammenden Vorlagen der Freisinger Denkmäler entstanden spätestens zur Zeit der Aktivitäten Kyrills und Methods, wenn sie nicht noch älter sind. In der einen oder anderen Form sind sie mit der Karantanenmission verbunden.«[34]

BAYERISCHE SLAWEN OHNE SONDERNAMEN

Als Tassilo im Herbst 777 die Gründungsurkunde von Kremsmünster ausstellte, hatte er das Problem zu lösen, wie zugewanderte Gruppen freier slawischer Siedler in die herzogliche Grundherrschaft einzugliedern seien, um sie rechtsgültig an das Kloster schenken zu können. In erster Linie ging es um die Zuweisung einer Slawendekanie, einer bereits grundherrschaftlich organisierten Einheit, die die beiden herzoglichen Verwalter, *actores,* die Slawen Taliup und Sparuna, leiteten. Diese Dekanie sollte um 30 Slawen und ihr Land an der Dietach und Sierning erweitert werden, wovon die Grenzen erst kürzlich festgelegt wurden. Für die Einbeziehung in das Herzogsgut waren jedoch nicht die herzoglichen Verwalter zuständig. Für eine solche Maßnahme brauchte es den gentilen Fürsten, den *iopan* (*župan*), der Gruppe. Dieser Physso konnte aber die Grenzen des Gebiets nur mehr beschwören, während die bayerischen Beauftragten Tassilos den Grenzverlauf abschritten und festlegten. Da aber die 30 Slawen, die in den herzoglichen Forst zwischen Dietach und Sierning ohne Erlaubnis Tassilos eingedrungen waren und das Land kultivierten, Freie waren, mochten sie als Freie abziehen, wenn sie nicht die Grundholden von Kremsmünster werden wollten. Die gleiche Entscheidung wurde den slawischen (?) Siedlern von Eberstal(zell) freigestellt. Das Land beider Gruppen solle jedenfalls dem Kloster gehören. Der *iopan* dürfte ein ursprünglich türkischer Würdename gewesen sein, der über die Awaren zu den Slawen kam und sich aus *ban* und einem Präfix in der Bedeutung von »sehr, ober-« zusammensetzte.

Obwohl erst im Jahre 827 nachweisbar, dürfte in Puchenau am linken Donauufer oberhalb von Linz-Urfahr bereits in der Tassilozeit eine Gruppe von Slawen gelebt haben, die ebenfalls unter einem Župan standen und um ihr Territorium mit rechtlichen Mitteln kämpfen mussten. Slawen siedelten auch am oberen Main und an der Rednitz, im von Eichstätt missionierten Grenzgebiet zwischen Mainfranken und dem Nordgau. Während Odilo hier noch das Sagen hatte, war Tassilos Herzogtum in diesem Raum kaum mehr tatsächlich präsent.

7 Land und Leute

Tassilo herrschte über Land und Leute, und zwar mehr als 40 Jahre lang, ohne dass die Quellen unmittelbar viel über diese den Zeitgenossen selbstverständliche Tatsache berichteten. Die Intentionen der Überlieferung waren zumeist auf andere Themen gerichtet; doch blieben darin nicht wenige funktionale Daten erhalten, die historisch zu verwerten sind.

Ein gutes Beispiel hierfür liefert Bischof Arbeo von Freising, der um 770 die *Vita et Passio Sancti Haimhrammi Martyris*, die Leidensgeschichte des hl. Emmeram, verfasste. Dieser hatte gut zwei Generationen zuvor in Bayern gewirkt und hier auf grausame Weise den Tod gefunden. Aber der Zeithorizont des Erzählers ist der des Höhepunkts der tassilonischen Herrschaft.

Bischof Arbeos Lob des Landes

Nach Bernhard Bischoffs schöner Übersetzung von Arbeos Lob des Landes war Bayern »sehr gut und lieblich anzusehen, reich an Hainen (= nutzbaren Wäldern), wohlversehen mit Wein. Es besaß Eisen in Fülle und Gold, Silber und Purpur im Überfluss; seine Männer waren hochgewachsen und stark, auf Nächstenliebe und Sitte gegründet. Das Erdreich war fruchtbar und brachte üppige Saaten hervor, und der Erdboden schien von Vieh und Herden aller Art fast bedeckt zu sein; Honig und Bienen waren wahrlich in reichlicher Menge vorhanden. In Seen und Flüssen gab es Fische in großer Zahl; das Land war von klaren Quellen und Bächen bewässert und besaß an Salz, soviel es bedurfte. Die Stadt, nämlich Regensburg, war uneinnehmbar, aus Quadern erbaut, mit hochragenden Türmen, und mit Brunnen reichlich versehen; im Norden bespülte sie die Donau, die in geradem Lauf gen Osten strömt. Das Bergland war ergiebig an Obst und bot Weiden und saftiges Gras; das Waldgebirge war mit wilden Tieren bevölkert und das Unterholz mit Hirschen, Elchen, Auerochsen, Rehen, Steinböcken und mit Tieren und Wild aller Art.«[35]

Eigentlich war der Aquitanier Emmeram nur auf der Durchreise; er wollte die Awaren missionieren. Weil ihn aber Herzog Theodo mit guten Gründen daran hinderte, entschloss sich der Heilige, in Bayern zu bleiben. Arbeo begründet Emmerams Einsicht auch mit dem Lob des Landes und von dessen »Stadtburg« Regensburg.

Wie aber spiegelt sich dieser Katalog, den Bischof Arbeo von Freising in seinem Lob des Landes anspricht – von Wäldern, Bodenschätzen und medizinischer Betreuung über reiche Ernten und gesunde Gewässer bis hin zu saftigen Wiesen und zahlreichen Wildtieren –, auch in den historischen Quellen?[36]

LOB DES (EIGENEN) LANDES

Obwohl Arbeo das Adjektiv *amoenus* verwendet, bietet er keine Schilderung eines *locus amoenus*, da die Idylle des Lieblichen Ortes, wie schon in der Antike festgeschrieben, gleichsam ökonomiefrei, ohne Zweck und Abwägung der Wirtschaftlichkeit des Gegenstandes zu preisen ist. Vielmehr trägt der Autor eine *laus patriae et urbis*, ein »Lob des Landes und der Stadt«, vor. Dafür verwendet Arbeo in Katalogform die ihm verfügbaren literarischen Versatzstücke, die zu seiner Zeit bereits ebenfalls eine lange Tradition besaßen und seine Gelehrsamkeit bewiesen. Das literarische Genus »Lob des Landes und der Stadt« kommt in Heiligenlegenden nur selten vor, stammt aus der Antike und hat für das Mittelalter in Vergils Lob der Stadt Karthago (Aeneis I 418–458) sein wichtigstes Vorbild. Arbeo könnte aber auch unmittelbare Anleihen beim Beginn der englischen Kirchengeschichte des Beda Venerabilis († 735) genommen haben.

HAINE: GUTE, WEIL NUTZBARE WÄLDER

Arbeo beginnt sein Lob mit dem Hinweis auf den Reichtum des Landes an Hainen, an *silvae bonae*, an guten, nutzbaren Wäldern, woraus die Menschen wesentliche Teile ihres Lebensunterhaltes gewannen. Die guten Wälder standen im Gegensatz zur Wildnis, zur *(h)eremus*. Als Nachfolger der römischen Kaiser besaßen die mittelalterlichen Herrscher die Gewalt über Wildnis und Wald. Dieses Recht konnten sie an andere verleihen oder sich vorbehalten. In letzterem Fall erklärten sie den Raum, der »außerhalb«, *foris*, der menschlichen Besiedlung lag, zur *forestis* oder zur *silva defensa*, zum Forst oder herrschaftlichen Bannwald. Das positive Forstrecht kam daher dem Naturrecht all derer in die Quere, die aus und von dem Wald lebten, ja auf ihn so sehr angewiesen waren, dass sie ohne ihn nicht überlebt hätten. Hänsel und Gretl gehen mit ihren Eltern in den Wald, um sich vor dem Verhungern zu retten. Weidegang, Schweinemast, Imkerei, Holzschlag und Brennholzsammeln bildeten unaufgebbare Bestandteile des bäuerlichen Wirtschaftens. Harz und Pech kamen aus dem Wald wie das Holz, der am leichtesten zu bearbeitende Baustoff. Riesige Mengen wurden davon gebraucht, um Häuser, aber auch Befestigungsanlagen und Burgen zu bauen. Bereits für ein mittelgroßes Haus benötigte man ein Dutzend Eichen. Trotzdem stand der Bedarf an Bauholz in keinem Verhältnis zu den enormen Mengen, die man für Hausbrand, Metallgewinnung und für die Salzerzeugung verfeuerte. So benötigte das Kloster Prüm in der Eifel jährlich nur 96 Fuhren Bauholz gegenüber ungefähr 15 000 Fuhren Brennholz.

Von besonderer Bedeutung war die Schweinemast. Die Größe eines guten Waldes wurde oft nach der Menge der Schweine gemessen, die man darin mit Eicheln und Bucheckern füttern konnte. Die frühmittelalterlichen Gesetze übertreffen an Reichtum und Vielfalt der Ausdrücke bei weitem unsere »Schweineterminologie«.

Der frühmittelalterliche Wald bestand in den französisch-deutschen Niederungen vielleicht zu mehr als 80 Prozent aus Laubholz. Im bayerisch-österreichischen Raum ergaben jüngste Pollenuntersuchungen das Verhältnis 68:32 zugunsten der Nadelhölzer, was jedoch immer noch einen gegenüber heute starken Prozentsatz an Laubwald bedeutete. Der Wald umgab wie ein grünes Meer das inselgleiche Kulturland, das bloß an großen Flüssen, an Seen und einstigen Römerstraßen erhalten blieb oder neu geschaffen wurde. Von den Siedlungsinseln aus konnte man den Wald benennen, nutzen und äußerlich in Besitz nehmen, nicht selten »ohne Festlegung der Grenzen«. Das riesige Waldgebirge, das als kontinentale Wasserscheide die Täler der Donau und der Moldau voneinander trennte, ist allerdings erst in nachtassilonischer Zeit als Nordwald bezeugt. Den Namen gaben die Menschen bayerischer Zunge, die von der Donau aus die Täler aufwärts ins Innere vordrangen und auch schon Grenzen zogen, wo benennbare Orte entstanden waren. Es war allerdings schon viel, wenn von einer vierseitigen Fläche wenigsten eine oder zwei Grenzlinien bestimmt wurden. Als Tassilos Vorvorgänger Herzog Hucbert dem Kloster St. Peter zu Salzburg den Forst im Osten der Stadt schenkte, wurde eine Grenze bestimmt, die von der Salzach, die wohl stillschweigend als Westgrenze angenommen wurde, auf einer alten Römerstraße bis Thalgau verlief, von dort entlang der Fuschler Ache flussaufwärts bis zum Fuschlsee ging, diesen durchquerte und am Abhang des Schafbergs einen Bach erreichte und dann bis zu dessen Mündung in den Wolfgangsee führte und schließlich beim Zinkenbach am Südufer des Sees endete. Alles Gebiet südlich davon gehörte nun der Kirche von Salzburg; aber wo die anderen zwei oder drei Grenzlinien verliefen, die erst nach unseren Begriffen ein Gebiet abgegrenzt hätten, war mangels benennbarer Orte nicht festzulegen. Am südlichen Horizont verliefen Bergketten um Bergketten, die nur an ihren Rändern zugänglich waren. Jenseits des Tennengebirges gab es im Raum des späteren Bischofshofen eine kleine romanische Siedlungsinsel mitten im Urwald, aber geeignet als Stützpunkt für Jagd und Goldwaschen.

DER WEIN

Wein wurde im frühmittelalterlichen Bayern an allen möglichen und unmöglichen Orten gezogen; Ortsnamen wie Weinzierl erinnern noch heute daran. St. Peter zu Salzburg besaß Weinberge bei Regensburg, die des Klosters Mondsee standen im niederbayerischen Rottachgau, in Aschach an der Donau und bei St. Florian im heutigen Oberösterreich. Weinberge zählten zur Erstausstattung Kremsmünsters, das seinen Rebensaft von der Rodl nördlich der Donau bezog; seine Qualität wird dementsprechend gewesen sein. Arbeo wird allerdings den Qualitätsunterschied zwischen dem nordalpinen Wein und dem aus seiner Südtiroler Heimat gekannt haben. Das *vinum de Bauzano*, der Wein aus Bozen, war teuer, weil er mühsam über die Berge gesäumt werden musste und daher nur in geringer Quantität zur Verfügung stand. Die Herrschaft legte allerorten Wert auf eine sorgfältige und saubere Erzeugung des Weines. Die fünf Winzerfamilien, die von einem Joch Weingarten leben und davon noch einem Regensburger Geistlichen zinsen mussten, wurden von solchen Forderungen wohl kaum berührt. Sie werden weiterhin ihre Kinder und Knechte in die Botticche geschickt haben, um den Wein mit neuen Socken an den Füßen oder frisch gewaschen barfuss zu keltern.

DAS EISEN

Eisenerz wurde in Knollenform besonders in Feuchtgebieten gefunden und konnte verhältnismäßig leicht gesammelt werden. Man liest von einem freien Schmied, der samt seiner Produktionsstätte und dem unfreien Betriebspersonal Regensburg gehörte. Er besaß nicht weniger als 14 männliche Eigenleute in seiner Werkstatt und verfügte über 23 Mägde, die er außer Haus für die Rohstoffbeschaffung und den Verkauf seiner Waren einsetzte. Ein solcher Großbetrieb war jedoch eher selten. Ein »Rennofen«, ein kleines Schmelzöfchen zur Eisenerzeugung, war fast überall rasch erbaut und einfach bedient. Aber man musste 10 kg Eisenerz und gar 20 kg Holzkohle daransetzen, um bestenfalls ein Dreiviertel Kilo Schmiedeeisen zu gewinnen. Kein Wunder, dass Eisengeräte teuer und daher selten waren. So gab es auf einem großen herrschaftlichen Hof bloß zwei Sensen, zwei Sicheln, zwei hölzerne, mit Eisen an den Rändern beschlagene Schaufeln, zwei Äxte und ein Beil. Damit mussten die Hofleute, die jährlich rund 2500 Hektoliter Feldfrüchte ernteten, ihr Auslangen finden. Die Eisenproduktion war hoch besteuert; rund 17 Prozent waren dem Herrscher, dem König oder Herzog, zu zahlen, sofern der Erzeuger nicht Abgabenfreiheit erhalten hatte. Da diese zumeist an geistliche Grundherren verliehen wurde, besaßen Klöster und Bistümer nicht selten Waffenschmieden und waren Erzeuger eiserner

Waffen, die einen enormen Wert besaßen. Seine Vollbewaffnung kostete den Krieger oder seinen Herren den Gegenwert ganzer Dörfer. Kein Wunder, dass man auch zur Bewaffnung wieder auf Holz zurückgriff und im Feuer gehärtete Keulen verwendete, was die Obrigkeit allerdings zu verbieten suchte.

GOLD, ABER WEDER SILBER NOCH PURPUR

Um 710 wurde in der Pongauer Wildnis, wo das heutige Bischofshofen liegt, in der Salzach Gold gewaschen. Goldern im Landkreis Landshut hat seinen Namen vom Goldwaschen in der Isar.[37] Sonst gibt es anscheinend keine Nachrichten von einer frühmittelalterlichen Goldgewinnung in Bayern; die Aufbringung des berühmten Tauerngoldes gehört späteren Zeiten an. Das Gleiche gilt vom Silberbergbau, wofür die Steiermark und das Salzburger Friesach in Kärnten besonders berühmt waren, bevor das Tiroler Schwaz zur Bonanza wurde. Was Arbeo mit einer bayerischen Purpurproduktion meint, muss offen bleiben. Wahrscheinlich war diese Angabe nur eine gelehrte Lesefrucht, vielleicht angeregt durch Beda Venerabilis, der am Beginn seiner Kirchengeschichte von purpurfarbenen Perlen erzählt, die Muscheln in den englischen Gewässern produzierten (Karl Brunner).

STARKE UND (CHRISTLICH) GESITTETE MÄNNER

Anthropologische Untersuchungen ergaben, dass die frühmittelalterlichen Bayern größer waren als Römer, Awaren und Slawen. Allerdings gelten diese Werte nur für die Männer; sie waren um durchschnittlich 11,7 cm größer als ihre Frauen, die ihrerseits kaum die Maße von Römerinnen, Awarinnen und Slawinnen erreichten.[38] Vertraut bayerisch klingt die Bestimmung des Bayernrechts, es mache keinen Unterschied, ob jemand am Hofe des Herzogs aus Übermut oder im Suff einen Raufhandel anzettelt, er war für den Friedensbruch 40 Solidi schuldig.[39] Arbeo pries nicht bloß die körperlichen Vorzüge der bayerischen Männer, sondern auch deren Sittenstärke und Nächstenliebe, die als christliche Tugenden galten. Wie aber sah es mit dem Christentum im frühmittelalterlichen Bayern tatsächlich aus?

Ian Wood erkannte, dass Arbeos Viten Emmerams und Corbinians sowie die Salzburger Rupertlegende die Bedeutung des Bonifatius für das bayerische Christentum bestreiten sollten. Deshalb werden die drei Gründerheiligen von Regensburg, Freising und Salzburg selbst zu Begründern des bayerischen Christentums stilisiert. Rupert habe sogar Herzog, Adel und Volk erst taufen müssen, bevor er sein Wirken beginnen konnte, heißt es fast 100 Jahre nach seinem Salzburger Aufenthalt. Tatsächlich waren die Agilolfinger bereits seit dem 6. Jahrhundert Christen. Auch bezeugt das Bayernrecht, dass die Christianisierung des Volkes im selben Jahrhundert begann. Allerdings müssen das Bayernrecht und die durch Tassilo erlassenen *Decreta* noch in der zweiten Hälfte des 8. Jahrhunderts heidnische Praktiken bei Begräbnissen und Eidesleistungen als Missbrauch anprangern: Falsche Richter hätten solche Gesetze erlassen, und im Sprechen bestimmter Eidesformeln bei der Anklageerhebung, *stapsaken*, »finden wir aus alter heidnischer Gewohnheit heidnischen Gottesdienst«, heißt es in der Lex.

Auf der Reise, zur Erntezeit, bei Krankheit und im blutigen Kampf fühlte sich der Mensch ganz besonders bedroht und bedurfte mehr als sonst des übernatürlichen Schutzes. Dann bediente sich auch der Christ mitunter magischer Praktiken von solcher Gefährlichkeit, dass die Öffentlichkeit dagegen einschreiten musste. Schwer wurde das zauberische Verderben der Ernte, *aranscarti*, bestraft. Auch sollte beim gerichtlichen Zweikampf, *uuehadinc*, das Los nicht eher gezogen werden, als beide Lohnkämpfer, Kämpen, *campiones*, gerüstet waren, »damit nicht vielleicht durch Lieder oder teuflische Machenschaften oder magische Künste ein Hinterhalt gelegt werde«. Noch um 770 schreibt Arbeo von den Bayern der Zeit Emmerams, dass sie »wie ihre Väter mit ihren Kindern aus demselben Kelch die Minne Christi und der Dämonen« tranken. Grabbeigaben sind Zeugen für diesen Synkretismus.

Dort, wo heute die Vereinigten Österreichischen Eisen- und Stahlwerke (aktuell: Voestalpine) stehen, lag früher das Dorf Zizlau bei Linz. Als hier die Betriebe errichtet wurden, entdeckte man ein bayerisches Reihengräberfeld, das zu den wichtigsten seiner Art nicht bloß auf heute österreichischem Boden zählt. Sein Inventar belegt für das 7. Jahrhundert die Siedlungen der Bayern an ihrer Ostgrenze und illustriert deren intensive Beziehungen zum fränkischen Westen, zum langobardischen Süden und zum awarisch-slawisch-byzantinischen Osten. Das Grab 97 barg die Überreste und Beigaben eines Kriegers, dem neben anderen Kostbarkeiten sowohl ein merowingisches Hiebschwert wie ein langobardisches Goldblattkreuz auf die letzte Reise mitgegeben wurden. Das aus zwei Blattstreifen zusammengesetzte Kreuz war ursprünglich auf einem Gesichts- oder Leichentuch aufgenäht gewesen. Es kennzeichnet seinen Träger als Mitglied einer bereits christlichen Oberschicht, die jedoch noch immer die heidnische Grabbeigabensitte übte. Auch wirkten die Vorstellungen der alten Religion nach. So sind die Riemenzunge und die Krötenschnalle aus einem anderen Grab (Nr.7) oder das Menschenpaar auf einer durchbrochenen Zierscheibe (Grab Nr.139) ganz von heidnischen Fruchtbarkeitssymbolen bedeckt oder stellen solche dar.

Durchbrochene Zierscheibe mit der Darstellung eines verschlungenen Menschenpaares aus einem auf dem Gebiet des ehemaligen Dorfes Zizlau bei Linz entdeckten bayerischen Gräberfeld des 7. Jhs.

Tatsächlich war das Heidentum selbst noch zu Tassilos Zeiten weder gänzlich ausgerottet noch wurde es verfolgt. Kein Wunder, dass der gestrenge Angelsachse Bonifatius mit den Bayern so seine liebe Not hatte. Sie und ihre alemannischen Nachbarn galten ihm als »ungebildete, dem Fleische nach lebende Menschen«, *carnales homines idiotae*, die man vor Heiden, Häretikern und nicht zuletzt vor wandernden Iren schützen müsse. Der päpstliche Legat hatte mit Priestern zu tun, die den Heidengöttern opferten, Opferfleisch aßen und dennoch die Taufe spendeten und dabei sinnlose Taufformeln verwendeten. So wollte er gehört haben, wie ein Priester *In nomine patria et filia et spiritus sancti,* »im Namen Vaterland und Tochter und des heiligen Geistes« taufte, was wahrlich nicht als Anrufung der Heiligen Dreifaltigkeit gelten mochte. Mit Heiden bekam es die bayerische Kirche in Karantanien zu tun, doch wird über die Glaubensvorstellungen der Alpenslawen nichts berichtet. Allein archäologische Funde, die »Götterstele aus dem Görtschitztal«, erlauben Vergleiche mit anderen slawischen Kultdenkmälern.[40]

HEILKUNST UND MEDIZINISCHE BETREUUNG

Heidnische Praktiken hielten sich noch lange im medizinischen Bereich. So verprügelte der hl. Corbinian ein altes Bauernweib, das den Sohn des Freisinger Herzogspaares Grimoald und Pilitrud mit »verdammenswerten Zaubersprüchen und betrügerischen Künsten« scheinbar wieder gesund gemacht hatte. Die Frau galt zwar als Zauberin, war jedoch nicht isoliert, sondern befand sich in Begleitung mehrerer Männer, die ihr wertvolle Lebensmittel, Fleisch und andere Geschenke sowie ein Stück Vieh nachführten. Der Zusammenstoß mit der bayerischen Kräuterfrau, *herbaria*, führte zur Entzweiung zwischen dem Heiligen und dem Herzogspaar, und selbstverständlich konnten die heidnischen Zauberkünste den kleinen Herzogssohn nicht am Leben erhalten. Von gelehrten Ärzten ist wenig zu erfahren. Sofern es möglich ist, aus späteren Zeiten auf das 8. Jahrhundert rückzuschließen, werden viele unter ihnen Juden gewesen und nur der Oberschicht zur Verfügung gestanden sein. Dem entspricht, dass im Jahre 772 ein Verwandter Tassilos mit Namen Hiltipert nach einem Sturz vom Pferd ärztliche Hilfe, wenn auch vergebens, in Anspruch nahm. Die Ärzte wussten nicht nur, dass Alkoholexzesse der Gesundheit schadeten, sondern wagten sich sogar an Schädeloperationen.[41] Das Salzburger Verbrüderungsbuch enthält allerdings bei erstaunlich vielen Personen den Zunamen *c(a)ecus*, der Blinde, was wohl den Schluss erlaubt, dass einfache Staroperationen vielen von ihnen geholfen hätten, wären sie durchgeführt worden.

REICH AN GETREIDE UND VIEH

Was die Früchte der Erde betraf, übertrieb Arbeo am stärksten. Das Verhältnis von Saatgut und Ernteertrag war unvorstellbar niedrig. Das »dreifache Korn« bedeutete schon eine Spitzenernte; das biblische Gleichnis vom Sämann, der 100-fache Frucht gewinnt, wird als himmlischer Ausnahmefall erst aus diesen Gegebenheiten verständlich. Mitunter erntete der Ackermann nur so viel, wie er der Erde anvertraut hatte. Hungersnöte waren an der Tagesordnung und suchten in schrecklicher Regelmäßigkeit ganz Europa heim. In solchen Zeiten unterblieb der jährliche Kriegszug des Frankenheeres; eine Konsequenz, die wahrscheinlich 763/64 Tassilo III. das bayerische Herzogtum gerettet hatte.

Brot, Wein oder Bier, dann Erbsen, Linsen und Bohnen sowie die sprichwörtlich gewordenen Kraut und Rüben bildeten die Basis der Ernährung und waren nicht selten die einzigen »Überlebensmittel« unserer Vorfahren. Für gewöhnlich waren Äcker und Felder klein, die Düngung eher mangelhaft, das Gerät spärlich, einfach und vornehmlich aus Holz. Als Pflüge dienten der uralte Arl oder Haken, *aratrum*, aber mitunter auch schon die schwere *carruca*, die mit Schar, Sech und einem den Boden wendenden Brett ausgerüstet war. Dieser schwere Pflug ritzt nicht nur eine Rinne in den Oberboden, in die dann die gelockerte Erde zum großen Teil wieder zurückfällt, sondern zerschneidet den Oberboden in zerkrümelnde Streifen und geht in die Tiefe. Dieses »Wunderwerk der Agrartechnik« war teuer, weil man dazu Eisen und, wenn man es sich leisten konnte und nicht Ochsen einspannen musste, das mit einem Kummet geschirrte und mit Hufeisen beschlagene Pferd als Zugtier brauchte. Ein Pferd kostete so viel wie zwei Rinder oder vier Schweine.

Das bayerische Gesetz geht von Herden mit verhältnismäßig großer Kopfzahl aus: Sieben bis zwölf Pferde, zwölf bis 25 Rinder, 25 bis 50 Schweine, 40 bis 60 Schafe bildeten je eine Herde, die man einem Hirten anvertraute. Trotzdem konnte man von der Viehhaltung allein nicht leben. Das Vieh war erheblich kleiner als heute; von einem ausgewachsenen Rind bekam man bestenfalls 100 kg Fleisch. Zusammen mit der Milch deckte der viehhaltende Hof nur etwa die Hälfte des Nahrungsbedarfs seiner Bewohner. Dagegen gewann der »Körndlbauer« wenigstens drei Fünftel seiner Nahrung aus Garten, Acker und Feld. Von Vorteil war es daher, mehr als andere vom Handwerk zu verstehen. So konnte man den Umständen gemäß als »Zuerwerbsbauer« oder als »Zuerwerbshandwerker« leben. Gebraucht wurden aber auch Köche, Bäcker und Hirten. Besonders angesehen waren alle Arten von Schmieden, *fabri*, und Zimmerleuten, *fabri lignarii*, und die Aufseher über das Gesinde, *seniscalci*, oder die Pferde, *mariscalci*, die es in der Neuzeit bis zur Gegenwart als Marschalle zu höchsten militärischen Ehren bringen sollten.

Alles in allem konnte der Mensch nicht allein von der Landwirtschaft leben. Die erlaubte niedere Jagd brachte auf Dauer so gut wie keine Verbesserung des Nahrungsmittelangebots, eher schon das konsequente Sammeln von Essbarem überall dort, wo man es fand, und zwar zwischen Hecken und Gräben und nicht zuletzt im Wald. So brauchte es den Wald, das stehende Wasser wie die Ströme, Flüsse und Sturzbäche, um das Nahrungsangebot zu vermehren und den Energiebedarf zu decken.

HONIG UND BIENEN

Im Wald »wuchs« der einzige Süßstoff, den die Zeit kannte: der Honig, aus dem man Met gewinnen konnte. Bienen produzierten aber auch das Wachs, das in großen Mengen der besten Form der Beleuchtung diente, seit um 500 für die Öllampen kein mediterraner Brennstoff mehr an die Donau geliefert wurde. Kein Wunder, dass Arbeo den Reichtum des Landes an

Honig und Bienen hervorhebt. Es ist bezeichnend, dass im übernommenen Rechtsinhalt der Ostarrîchi-Urkunde vom 1. November 996 an prominenter Stelle die Bienenweide *(cum … zidalweidun)* eingefügt wurde. Das Bayernrecht schließt mit Bestimmungen über die Bienen, vor allem wenn sie in die Wälder anderer Besitzer schwärmten. Wertvoll waren diejenigen Leute, die mit den Bienen umgehen konnten, seien diese Imker, die auch Zeidler hießen, nun freien oder unfreien Standes gewesen. Die Gründungurkunde für Mondsee nennt sechs Imker – mehr als Winzer und Handwerker.

GESUNDE GEWÄSSER VOLLER FISCHE UND MÜHLEN

Wenn Bayerns Boden tatsächlich reiche (Getreide)Ernten hervorgebracht hätte und seine Seen und Flüsse von Fischen übergegangen wären, hätten die frühmittelalterlichen Bayern ausgesorgt gehabt. Wer nämlich Fische und Getreide hatte, lebte gut und hatte gesunde Nahrung nicht bloß zu den zahlreichen Fastenzeiten des Jahres. Allerdings waren Fischfang- und Biberfang grundherrschaftlich geregelt und unter besondere Aufsicht gestellt, wofür es gleichsam beeidete Sachverständige gab, die über Fangquoten entschieden. Zumeist schloss die Verleihung der Waldrechte die Übertragung der Wasserrechte mit ein. Die Formel *cum aquis aquarumve decursibus* zählte zum festen Formelbestand aller Arten von Urkunden. Wahrscheinlich lebte in den Worten »mit Gewässern und Wasserläufen« eine spätantike Tradition fort, die auf die römische Landwirtschaft mit ihrer Bewässerung von Äckern, Gärten und Wiesen zurückgeht.

Mit der Übertragung der Wasserläufe war auch das Mühlrecht verbunden. Um es zu nutzen, waren bestimmte Vorarbeiten zu leisten, die tief in den natürlichen Verlauf der Gewässer eingriffen. Mühlen wechselten den Besitzer nie ohne den Müller. Er war für gewöhnlich ein Unfreier, *servus*, der jedoch über Sonderkenntnisse verfügen musste. Deswegen und weil er abgeschieden von Hof und Dorf allein oder mit anderen Müllern lebte, erfreute er sich einer gewissen Selbständigkeit. Er hatte ein paar Joch Grund »dabei« und »sah« auf seine Mühle, zu der

Wege und Wegrechte gehörten. Die Fähigkeit, Mühlen zu errichten oder zu verbessern, war den Bayern eher gegeben als den halbheidnischen Thüringern, darf man Arbeo Glauben schenken. Er berichtet in seiner Emmeramsvita von einem Bayern, der von Straßenräubern gefangen genommen und schließlich an einen thüringischen Gutsherrn verkauft wurde. Dieser verlangte von ihm, eine beschädigte Mühle zu reparieren. Weil das Werk so gut gelang, wollte ihn der Thüringer sicher behalten und dachte, ihn mit einer einheimischen Witwe zu verheiraten. Der Bayer war aber schon verheiratet, so dass der Heilige eingreifen musste, ihn noch rechtzeitig vor der Sünde der Bigamie bewahrte und mittels eines wundertätigen »air lift« heim zu seiner bayerischen Frau beförderte.

DAS SALZ

Ein unverzichtbares Lebensmittel war das Salz, das in unserem Raum vor allem in Reichenhall, *Salinae* oder *Salina maior,* gewonnen wurde. Die aus dem Untersberg austretende Sole war zu etwa 7 Prozent gesättigt und wurde mit »Galgen«, mit Geräten, die den vertrauten Puszta-Brunnen ähnlich sahen, in die Pfannen, *patellae, loca patellae, sartagines*, gepumpt. Hier reicherte man die Sole bis über 20 Prozent an, um sie dann in Öfen, *fornaces*, zu versieden. Der Arbeitsvorgang folgte den Erfahrungen bei der Meersalz-Gewinnung und dürfte von den Römern um Christi Geburt ins Land gebracht worden sein, da damals der Dürrnberger Bergbau weitgehend eingestellt wurde.

Die Salzproduktion lief von Mitte Mai bis zum Martinstag am 11. November und bedurfte ungeheurer Holzmengen, die die Saalach heruntergeschwemmt und auf eigenen Plätzen gestapelt wurden. Schon die ältesten Salzburger Quellen lassen eine gut eingespielte Organisation erkennen. Die Salzarbeiter waren rechtlich bevorzugte Spezialisten; sie und ihre unfreien Arbeiter, *mancipia*, bleiben jedoch weitgehend anonym. Wer immer nur konnte, suchte einen Anteil an der Reichenhaller Salzproduktion zu gewinnen. Neben den Salzburger Konventen St. Peter und Nonnberg war hier Mondsee erfolgreich, während Kremsmünster bloß vorübergehend Fuß fassen konnte. Den Mönchen an der oberösterreichischen Krems hatte der Herzog 777 drei Salzkocher in *Sulzbach*/Pfarrkirchen beim heutigen Bad Hall geschenkt, und dabei wird es wohl für einige Zeit geblieben sein.

Die historischen Quellen der Tassilozeit übergehen die Einzelheiten des Salzhandels. Die Tatsache jedoch, dass im bayerisch-österreichischen Raum die Salzach als einziger Fluss dieser Größe einen germanischen und noch dazu sprechenden Namen besitzt, beweist ihre Bedeutung für den Salztransport. Daran würde auch die Möglichkeit nichts ändern, dass der Name Salzach zunächst nur den Unterlauf ab der Saalach-Mündung und vielleicht diese selbst bis Reichenhall benannte.

REGENSBURG

Arbeos Erwähnung von Regensburg ist die erste nachantike Nennung des Ortes, der als *metropolis arx huius gentis* galt. Die etwas kompliziert ausgedrückte Bezeichnung »Hauptstadt-Burg dieses Volkes« soll nicht ebenso kompliziert gedeutet werden. In Bayern war Regensburg die wichtigste herzogliche Burg oder Pfalz, die innerhalb des einstigen, mit hohen Mauern und zahlreichen Türmen versehenen Legionslagers entstanden war und ihre Uneinnehmbarkeit nicht bloß den noch erhaltenen römischen Befestigungen, sondern auch den zahlreichen Brunnen verdankte, die eine für alle Fälle ausreichende Wasserversorgung garantierten. Als Arbeo um 770 die bayerische Hauptstadt-Burg pries, hatte Karl der Große noch keine vergleichbare Metropolis. Auch verdient Arbeo Glaubwürdigkeit, wenn er Herzog Theodo (vor 696–717/18) den hl. Emmeram in Regensburg empfangen lässt. Dasselbe behauptet auch die anonyme *Vita Hrodberti* vom Salzburger Gründerheiligen. Außerdem zeigt man das Grab des heiligen Bischofs Erhard im Niedermünster von Regensburg. Diskutiert wird derzeit die Frage, ob Regensburg die Rolle eines Vorortes bereits am Beginn der Entstehung der Bayern gespielt hatte oder nicht. Archäologische Funde und philologische Forschungen der jüngsten Zeit sprechen nämlich für die Annahme, wonach Augsburg der ursprüngliche Sitz des von den Frankenkönigen

Rekonstruktion der Pfalz am Alten Kornmarkt in Regensburg im hoch- und spätmittelalterlichen Bauzustand mit der Alten Kapelle, dem Herzogshof und dem »Römerturm«. – Federzeichnung von 1572.

um 550 eingesetzten (agilolfingischen) Dux der Bayern war. Diese ethnische Zuordnung kann sich freilich zunächst bloß auf die italienisch-byzantinische Überlieferung stützen, die das »neue« Volk bereits in der ersten Hälfte des 6. Jahrhunderts zur Kenntnis nahm. Dagegen werden die Bayern in fränkischen Quellen nicht vor 660/80 genannt. Offen bleibt derzeit schließlich die Frage, wann Regensburg an die Stelle von Augsburg getreten sein könnte.

Regensburg liegt am rechten Donauufer, so dass der Strom im Norden an der Stadt vorbeifließt, und zwar nach Ansicht etwa des Kosmographen von Ravenna in unvermindert östlicher Richtung bis zur Mündung. Diese um 700 vertretene geografische Vorstellung vernachlässigt das Donauknie bei Vác nördlich von Budapest und führt etwa dazu, dass man im Jahre 870 in Salzburg der Meinung ist, die Drau habe ein Westufer und fließe von Süden nach Norden zur Donau.

OBSTBAU UND ALMWIRTSCHAFT

Im bayerischen Bergland werden Obstbäume gepflanzt und Viehweiden genutzt, was an romanisches Wirtschaften erinnert. Vom Salzburger Gaisberg bis zur Lammer erstreckte sich der zur Salzach offene und zum Fluss parallel verlaufende Westabfall der Osterhorngruppe, auf deren baumfreien Höhen Almen wie die Gugelaúnalm (= Kuchler Alm) aus der Römerzeit überdauert haben. Hier wird heute noch vom Halter oder Senn (romanisch-keltisch für Melker) der Kas (von *caseus*) und nicht der Käse erzeugt, der Terz, der dreijährige Stier, gebändigt, und mitunter der eine oder andere Gams (vgl. *le chamois*) und nicht eine Gämse gewildert.

DIE HOHE JAGD

Die hohe Jagd auf das »Schwarzwild«, auf Bären und Eber, Rothirsche, »Schelche und Elche«, Wisent und Auerochs, blieb der Oberschicht vorbehalten. Drei Wildarten, die ein aus Rechtsquellen zusammengestellter Katalog enthält, decken sich mit Arbeos Aufzählung des jagdbaren Hochwildes. Emmeram war bester Herkunft und somit gleichsam ein »Jagdberechtigter« von Geburt. Dagegen galt Wildfrevel der einfachen Leute nicht als Diebstahl, sondern als Missetat, umso mehr, wenn sie im herrschaftlichen Bannwald begangen wurde. Kein herrschaftliches Vorrecht war hingegen die Wolfsjagd; sie wurde allen zur Pflicht gemacht, da die Wolfsplage als ständige Bedrohung von Mensch und Vieh angesehen wurde. Der Hirtenhund, der Wölfe vertrieb, hatte immerhin die Hälfte des Wertes der Tiere, die das »Schwarzwild« jagten.

Die hohe Jagd zählte zu den Vergnügungen, um derentwillen die Grafen auf die Abhaltung der Gerichtstage und selbst Bischöfe auf ihre geistlichen Pflichten vergaßen. Kein Wunder, dass der Jagdunfall eine der häufigsten Todesursachen der großen Herren war. So starb der feindliche Langobardenkönig Aistulf auf der Jagd. Ludwig der Deutsche, der erste König der Bayern, Enkel Karls des Großen und in vielem Nachfolger seines Großonkels Tassilo III., wäre 864 auf der Hirschjagd beinahe an einem Sturz vom Pferd gestorben. Auch soll ein sonst nirgends bezeugter Tassilo-Sohn namens Gunther auf der Jagd von einem Eber getötet worden sein.

8 Tassilo und die Instrumente seiner Herrschaft

DAS BAYERNRECHT

Es waren die merowingischen Frankenkönige, die den Bayern ihr Recht gaben. Dieses bestand aus drei Tituli – aus Kirchensachen, Volkssachen und Herzogssachen – und beruhte wie alle nach frühmittelalterlichen Völkern benannten Leges auf prinzipieller Ungleichheit: Rigoros unterschieden wurde zwischen Christen und Nichtchristen, zwischen den Freien, Freigelassenen und Unfreien, die ihrerseits wieder wirtschaftlich und sozial-rechtlich sehr verschieden sein konnten, zwischen Mann und Frau, die sich so lange doppelten Schutzes erfreute, als sie sich nicht wie ein Mann mit Waffen wehrte, dann wiederum zwischen verheirateter Frau und Jungfrau, zwischen gebärfähiger Frau und Greisin, zwischen Bub und Mädchen, zwischen Ungeborenem und eben Geborenem, und hier zwischen ungetauftem und bereits getauftem Kind. Einen volljährigen freien Bayern erkannte man von Rechts wegen daran, dass er bei der Urkundenausstellung als Zeuge an den Ohren gezogen wurde.

Herzstück des Rechtsbuches: Bußtaxenkataloge

Den Kern eines frühmittelalterlichen Rechtsbuches wie das der Bayern bildeten Bußtaxenkataloge. Diese enthielten Bußgeldsätze für materielle Schädigung wie immaterielle Kränkung, die beide den Ehrverlust des Geschädigten bewirkten. Mit einer entsprechenden Buße sollte dem durch Ehrverlust Geschädigten sein grundsätzliches Recht auf Rache, das heißt die Fehde, gleichsam »abgekauft« werden. Die Buße richtete sich nach dem »Manngeld«, dem Wergeld, das den Rang, die »Ehre«, einer Person je nach Rechtsqualität, Alter und Geschlecht festsetzte. Diese Rechtsordnung wird als Kompositionensystem bezeichnet. Allerdings blieben Leistung wie Annahme der Buße keine bloße Privatsache. Die Obrigkeit, in unserem Falle der Bayernherzog, begnügte sich nicht mit der Wiedergutmachung und Aussöhnung zwischen den Geschädigten und den Schädigern, sondern verlangte auch eine Fiskalbuße, die Herzog und Richter zustand.[42] Daher förderte der Gesetzgeber alle Ansätze, die neben dem Schadenersatz die Vorstellung von Sühne und Strafe betonen, und setzte eine Buße fest, die das Mehrfache des Schadens betrug. Dafür musste die Obrigkeit, in unserem Falle wieder der Herzog, die Annahme des gesetzlich vorgeschriebenen Bußgeldes und damit den Fehdeverzicht erzwingen. Nicht im Gesetz festgelegt ist die tatsächliche Streitbeilegung, die das Ergebnis von Verhandlungen zwischen der Sippe des Schädigers und der des Geschädigten war.

DAS HERZOGTUM, DER HERZOG UND DER ALTE BAYERISCHE ADEL

Schon seit einiger Zeit wurde die Unbrauchbarkeit des Ausdrucks »Stammesherzogtum der Bayern« erwiesen (Karl Brunner). Wer dennoch an diesem Begriff festhält, muss sich im Klaren sein, dass nicht die Bayern ein Herzogtum schufen, sondern dass es nach einem ostgotischen Zwischenspiel die Franken waren, die für die in der Raetia II siedelnden Völker ein Herzogtum errichteten, das die Bayern schuf. Auch ist für die Bayern, die aus vielen Völkern zusammengesetzt waren, die Bezeichnung »Stamm« mehr als problematisch, weil damit naturwüchsige Einheitsvorstellungen transportiert werden, die ahistorisch und daher unerwünscht sind. Stefan Esders untersuchte nach Joachim Jahn die aus der Römerzeit stammenden »Substrukturen«, die für die Kontinuität des spätrömischen Dukats in Bayern sprechen könnten: das Kolonenstatut des Bayernrechts, die Verpflichtung der Bevölkerung zu unentgeltlicher Leistung der öffentlichen Dienste, wie die Stellung des Postpferdes, und nicht zuletzt die Nennung von aus der Römerzeit stammenden Personengruppen, die zum Wehrdienst verpflichtet waren. Der Vorort des Dukats des 6. Jahrhunderts dürfte sehr wahrscheinlich Augsburg gewesen sein.[43]

Wann Regensburg die bayerische Herzogsstadt wurde, ist nicht überliefert. Um 700 residierte der bayerische Herzog jedenfalls dort, und so hielt es auch noch Tassilo III.

Genealogien inner- und außerhalb des Bayernrechts

Die *Lex Baioariorum* führt fünf Genealogien auf: die Huosi (= die Grauen im Sinne von Wölfen oder von Ehrwürdigen), die Draozza (= die Dränger oder die Drohenden), die Fagana (= die Frohen), die Hahilinga (= die Leute eines Hahilo) und die Anniona (= die Geneigten). Während den Angehörigen dieser fünf Geschlechter die »doppelte Ehre« zustand, wurden die Agilolfinger durch eine »vierfache Ehre« hervorgehoben. Darüber war die »sechsfache herzogliche Ehre« angeordnet. Das heißt etwa: War die Schädigung eines Angehörigen des Herzogsgeschlechts 640 (Gold-)Solidi wert, standen einem geschädigten Herzog 960 solcher Solidi zu. Im tassilonischen Bayern bildeten diese Strafsätze jedoch keine in irgendeiner Weise leistbaren Summen, sondern dienten als Recheneinheiten und sollten eben Rang- und Ehrverhältnisse darstellen.

Außerhalb des Bayernrechts werden noch zwei Genealogien erwähnt, und eine dritte Gruppe wird zwar nicht so genannt, dürfte aber auch eine Genealogie gebildet haben. Diese drei Geschlechter waren die Feringa (= die Leute eines Fara), die »Leute von (Feld-)Moching« und die unfreie *genealogia hominum de Albina*. Dieses »Geschlecht der Leute von Oberalm« hatte seinen Herrschaftsmittelpunkt im Raum von Hallein an der Salzach. Es bildete trotz oder gerade wegen seiner rechtlich-sozialen Abhängigkeit als *servi ducis*, als Herzogsknechte, die romanische Oberschicht des Salzburggaus. Im Jahre 750 tritt der kleine Tassilo als Haupt der Feringa und gemeinsam mit den Fagana auf. Wahrscheinlich waren die Feringa ein Zweig der Agilolfinger und Verwandte der Fagana.

Der Titulus III des Bayernrechts beschäftigt sich nicht bloß mit dem Herzog und den Angehörigen des agilolfingischen Herzogsgeschlechts, sondern nennt auch die ihnen unmittelbar nachrangigen fünf Genealogien.

Die im Bayernrecht anerkannten fünf Genealogien und die drei anderen nennen sich entweder wie die Agilolfinger nach einem Spitzenahnen, heißen nach einem Ort oder Gebiet wie die Bayern selbst oder betonen in ihren Namen besondere gute Eigenschaften.[44] Die gesamte frühmittelalterliche Überlieferung des Kontinents kennt außer den Agilolfingern und den bayerischen Genealogien nur noch langobardische Adelsgeschlechter als Träger solcher Namen. Gibt es neben den Agilolfingern sieben bis acht bayerische Genealogien, sind es bei den Langobarden ebenfalls wenigstens sieben vergleichbare Adelsfamilien. Demnach waren nicht bloß die intergentilen, königlichen und königgleichen Agilolfinger, sondern auch sechs der bayerischen Genealogien »alte« Namen. Sie sind die »Ersten nach den Agilolfingern, die aus dem Herzogsgeschlecht sind«. Die Genealogien sind wie diese – wenn auch rangniedere – *principes*, also Fürsten, was die häufige Titulatur *summus princeps* für Tassilo nicht als Elativ »sehr großer Fürst«, sondern als Superlativ »höchster Fürst« erklärt.

Von den fünf Genealogien des Bayernrechts kommen außerhalb des Gesetzbuches nur die Fagana und die Huosi vor, und zwar Erstere bloß im Sommer 750, während Letztere mehrmals bis ins 9. Jahrhundert erwähnt werden. Ausgerechnet an einem Huosier lässt sich aber ein Grund für das Verschwinden oder die Auflösung der Geschlechter wahrscheinlich machen: Nach dem Bayernrecht, das wie noch die Notitia Arnonis keine Nobilität kennt, waren die Genealogien rechtlich-sozial hervorgehobene Geschlechter. Nur der Herzog war edel oder adelig, vielleicht auch noch seine agilolfingische Genealogie. Im Jahre 765 nennt sich dagegen der Huosier Poapo als erster nichtherzoglicher bayerischer Großer selbst *vir nobilis*, Edler oder Adeliger, und bezeichnet »die Menge seiner Verwandten« als »edle oder adelige Männer«. Als in den späten 770er-Jahren die Akten der Synode von Dingolfing aufgezeichnet wurden, besaß die gesamte bayerische Elite, die bereits als Geburtsadel erkennbar wird, die Nobilität. Ja, die Ausstellung einer Urkunde war ohne adelige Zeugen unmöglich geworden. Kein Wunder, dass nach Dingolfing und vor allem nach 788 die urkundlichen Nobilis-Nennungen inflationär zunehmen. Damit hatten aber die bisherigen rechtlich-sozialen Unterscheidungsmerkmale ihre Gültigkeit verloren. Die Genealogien sind in dieser Nobilität aufgegangen, ihre Angehörigen wurden *viri nobiles* unter anderen.

Ein weiterer Grund für das Verschwinden der Genealogien könnte auch die herzogliche Politik gegenüber den alten Eliten gewesen sein. Dass sie anfänglich Widerstand gegen Odilo und auch gegen Tassilo leisteten, bot den Anlass, sie durch agilolfingische Gefolgschaften zu ersetzen. Auch dürfte das bayerische Leiherecht, das unter Tassilo immer stärkere lehenrechtliche Züge angenommen hatte, samt dem damit verbundenen herzoglichen Konsensrecht bei Landveräußerungen den Bestand der Genealogien nicht gerade gefördert haben.

DER HERZOG ALS HERRSCHER UND SEINE LEUTE

Die frühmittelalterliche Rechtssprache besteht aus einer Mischung von demonstrativen Hinweisen und taxativen Aufzählungen. Auf diese Weise legt auch das Bayernrecht fest, was den bayerischen Herzog befähigt, seine Herrschaft auszuüben: Er muss auf einen Heereszug gehen, das Volk richten, männlich aufs Pferd steigen, seine Waffen lebhaft führen können; er darf weder taub noch blind sein und muss imstande sein, in allem den Befehl des Königs zu erfüllen.[45] Die herzoglichen Pflichten sind demnach vor allem militärischer Natur entsprechend dem Satz, »der *dux* heißt so, weil er der *ductor exercitus*, der Führer des Heeres, ist«.[46] Weil aber Heer und Volk identisch sind, ergibt sich als weitere Aufgabe das herzogliche Richteramt.

Selbstverständlich muss der Herzog körperlich und geistig gesund sein, um die Befehle des Königs vollständig erfüllen zu können. Die Abhängigkeit des Herzogs vom König war jedoch

»situativ«; sie wurde durch die jeweiligen Umstände bestimmt. Und daher sagt zwar das Bayernrecht, die Frankenkönige hätten seit alters her befohlen, der Bayernherzog müsse stets ein geeigneter und königstreuer Agilolfinger sein. Es heißt dort aber auch vom Herzog, dass ihn der König einsetzt oder das (politisch handlungsberechtigte) Volk wählt. Die Übersetzung des bayerischen Dux mit Herzog ist zwar eingebürgert und wird auch vom Autor der Einfachheit halber und zur Vermeidung von Missverständnissen gebraucht. Es ist aber fraglich, ob Odilo und Tassilo III. von ihren eigenen Leuten als Herzog oder als *herre* angesprochen wurden. Versteht man zwei Stellen in bayerischen Quellen des 8. Jahrhunderts richtig, galt ursprünglich nur der agilolfingische Herzog als *adal*, als edel. Vielleicht stand ihm der alte, »nichtkönigliche« Königsname eines *truhtin* zu – eine Überlegung, die die Abrogans-Glossierung *dominus* mit *truhtin* nahelegt.[47] Das Fürstentum Bayern galt in der nichtkarolingischen Überlieferung als Regnum,[48] als Reich, und wurde durch ein Szepter oder einen Ahnenstab symbolisiert. Dieses Herrschaftszeichen enthielt an der Spitze eine Menschendarstellung und dürfte in der Herzogsfamilie vererbt worden sein.

Wollte Tassilo aber auch jemals *rex Baiovariorum*, König der Bayern, werden? Eher nicht. Karl der Große hatte 781 seinen Sohn Ludwig (den Frommen) als König der Aquitanier eingesetzt. Um 790 dachte er anscheinend daran, seinen ältesten Sohn, den buckligen Pippin, als König der Bayern zu etablieren oder abzufinden, was jedoch Karls Gemahlin Fastrada hintertrieb. Einen König der Bayern schuf erst Kaiser Ludwig der Fromme, indem er zuerst seinem Sohn Lothar den bayerischen Königstitel verlieh und danach 817 seinen gleichnamigen Sohn Ludwig den Deutschen zum König der Bayern bestimmte. Die Errichtung von abhängigen ethnischen Königreichen innerhalb des Frankenreichs war demnach keineswegs ungewöhnlich, und das Langobardenreich blieb ohnehin auch nach 774 als Königreich erhalten. Aber die dafür vorgesehenen Könige waren Mitglieder der karolingischen Hauptlinie, der Tassilo nicht angehörte.

So dürfte es auch Karl der Große gesehen haben, wenn er feststellte, Odilo und Tassilo hätten ihm und den Franken den bayerischen Dukat und nicht das bayerische Regnum entfremdet. Damit wären auch Spekulationen hinfällig, dass der Salzburger Virgildom von 774 als tassilonische Krönungskirche gedacht war. Keine Spekulation ist dagegen, dass Tassilo noch vor Karl dem Großen mit Konstantin dem Großen verglichen wurde. Die großartige David-Miniatur des Psalters von Montpellier legt aber ebenso nahe, dass der Bayernherzog seinem königlichen Vetter auch als neuer David voran ging.

HERZOGSGUT, HERZOGLICHES BENEFIZIALWESEN UND KONSENSRECHT

Für die Ausübung seiner Herrschaft benötigte der Herzog einen Erfüllungsstab, der den Einsatz und die wirksame Durchsetzung institutioneller Instrumente, wie das im herzoglichen Benefizialwesen angelegte Konsensrecht, ermöglichte. Als die Merowingerkönige um 550 den ersten bayerischen Herzog einsetzten, erhielt er auch die Verfügungsgewalt über die ehemaligen römisch-kaiserlichen Domänen im Lande. Diese betrugen wahrscheinlich wie in den anderen einstigen römischen Provinzen mindestens ein Viertel von Grund und Boden. Mit der zunehmenden Verselbständigung des Herzogs wurde daraus die *causa dominica*, das Herrengut. Während die Karolinger das überkommene Lehenwesen nach Bedarf einsetzten, schufen die Bayernherzöge Odilo und Tassilo ein analoges System in Fortsetzung des merowingischen Instituts der Benefizialleihe. Das heißt: Aus dem Herzogsgut wurden Schenkungen an Dritte als Benefizien verliehen, die beschränktes Eigentum begründeten. Ein solches Eigentum galt zunächst auf Lebenszeit, war jedoch seit der Synode von Dingolfing (776/77?) unter Treuevorbehalt auch vererbbar.

Da der Herzog das Obereigentum behielt, musste um seine Zustimmung und Erlaubnis nachgefragt werden, wollte der Eigentümer sein Benefizium auf irgendeine Weise veräußern. Minderfreie, Freie, Grafen, ja sogar Bischöfe hatten bei Schenkungen aus dem vom Herzog verliehenen Gut dessen Erlaubnis einzuholen. Selbst ein so mächtiger Herr wie Graf Machelm konnte sich nicht völlig der Verpflichtung entziehen, die Zustimmung Tassilos in einer seiner Urkunden zu erwähnen. Dies klingt dann allerdings so: »Durch Zustimmung unseres Herrn Tassilo und mit eigener Machtvollkommenheit für mein Seelenheil habe ich geschenkt und gegeben.« Die übliche Formel liest man hingegen in der Salzburger Notitia Arnonis von 790: *Item de hoc, quod tradiderunt liberi Baioarii per licentiam Tassilonis ad supradictum episcopatum, quod fuit eis ex causa dominica beneficiatum, similiter et de illis potestatem non habentes de se.* – »Ebenso darüber, was freie Bayern mit Erlaubnis Tassilos an den oben genannten Bischofssitz (Salzburg) schenkten, was sie aus dem Herzogsgut als Benefizium hatten, und ebenso auch über jene (Schenker), die über sich keine Verfügungsgewalt hatten.« Und ein zweites Beispiel lautet: Im Jahre 772, möglicherweise während Tassilos so erfolgreichen Karantanenfeldzugs, stürzte ein Hiltiprant vom Pferd und verletzte sich dabei so schwer, dass ihn die Ärzte aufgaben. Für sein Seelenheil wollte er Freising wertvolle Güter schenken, besaß aber darüber keine unbeschränkte Verfügungsgewalt. »Daher musste ich meinen Herrn, den erlauchtesten Herzog, Herrn Tassilo, bitten, mir die Erlaubnis zu geben, aus seinen Benefizien etwas an die Kirche geben zu dürfen«. Der Herzog stimmte zu, und zwar aus zwei Gründen: zum einen, weil er mit Hiltiprant verwandt war, und zum andern, weil er der »Menge des (von jenem) geleisteten Dienstes« gedachte. Darauf übergibt der Todkranke an Freising den »Grundbesitz, den Gotfrid zurecht innezuhaben schien und durch seine Schuld verloren hat, wie es Gesetz und Recht der Bayern ist«. Die Urkunde schließt mit der Feststellung, die Schenkung sei mit »herzoglichem Konsens« erfolgt.

DER ERFÜLLUNGSSTAB

Aus der Zeit Tassilos sind in Bayern fast zwei Dutzend GRAFEN namentlich bekannt. Das Bayernrecht sieht für den Grafen bedeutende militärische und richterliche Funktionen als Beauftragter des Herzogs, aber auch des Königs vor. Daraus konnten

Interessenskonflikte entstehen, zumal die meisten bayerischen Grafen der Elite angehörten. Zwischen 784 und 796 verfasste Paulus Diaconus seine Langobardengeschichte. Darin heißt es zum Jahr 680: Der langobardische Herzog von Trient kämpfte siegreich mit dem Bozener *comes Baioariorum,* »den sie (die Bayern) *gravio* nennen« (V 36). Der aus Friaul stammende Autor beschreibt die Gleichsetzung von *comes* und *grafio*, die sich um 700 überall im Frankenreich vollzog. Man hat daher den Bozener als Grafen »fränkischer Prägung« bezeichnet (Hans K. Schulze).

Und tatsächlich, die ältesten bayerischen Grafen, die man kennt, waren auffallend stark dem Frankenreich verbunden, wenn sie nicht selbst Franken waren. Letzteres wird für den überregional begüterten und mächtigen Grafen Machelm angenommen. Er beschenkte allein in Bayern die vier Bistümer Salzburg, Passau, Regensburg und Freising sowie die Klöster Mondsee und Niederaltaich. Machelm handelte in einer Weise, dass man sich fragte, ob er »der von Pippin und Hiltrud beauftragte Administrator des Herzogtums oder der noch von Herzog Odilo eingesetzte ›Testamentsvollstrecker‹ war« (Joachim Jahn) – oder beides, darf man hinzufügen. Trotzdem oder gerade deswegen wurde Machelm nicht müde, seine Generationen alte Bindung an das Herzogshaus zu betonen.

Im Jahr 749, als das Kind Tassilo unter der tatsächlichen Vormundschaft Pippins III. (I.) stand und um sein Erbe bangen musste, gründete ein Graf Gunther das Salzburg unterstellte Kloster Otting am Waginger See. »Auf Rat und mit Zustimmung Herzog Tassilos bat er den Herrn König Pippin« um die Erlaubnis, das Kloster auch aus seinem Grafengut dotieren zu dürfen. Ähnlich heißt es von einem Grafen Grimbert, er habe für seine Schenkung die Erlaubnis König Pippins, weil »er ihm sehr nahe stand«, und die Zustimmung Herzog Tassilos eingeholt.[49] Bedenkt man die Aussagen über die drei Grafen sowie die Entstehung des Bayernrechts als fränkisches Königsrecht, wird man trotz Paulus Diaconus vermuten, die fränkische sei bei der Entstehung der bayerischen Grafschaftsverfassung Pate gestanden. Zum Vergleich: In Thüringen wurden die ersten

Grafen nicht vor der unmittelbaren karolingischen Machtübernahme eingesetzt.

Ein bayerischer Graf verfügte neben seinem eigenen Besitz, wenn auch mit Beschränkungen, über das GRAFENGUT, *ministerium*. Der Begriff betont den Charakter einer Grafschaft als herzogliches Mandat. Der Graf war für eine Grafschaft zuständig, die nach dem Bayernrecht sowohl einen Personenverband darstellte wie ein bestimmtes Gebiet bedeutete. So handelt ein Paragraph des Bayernrechts von »Königs- oder Herzogsvasallen«, »die in einer bestimmten Grafschaft wohnen«. Es sind jedoch keine Grafschaftsgrenzen des 8. Jahrhunderts bekannt noch in der Überlieferung zu erwarten, da sich damals territoriale Angaben auf Stützpunkte, *loca*, und nicht auf Flächen bezogen. So befehligte der bayerische Graf 680 »Bozen und die übrigen Kastelle«, die zwar zusammen ein Gebiet bildeten, aber nicht benannten noch begrenzten.

Ein Graf übte nicht zuletzt militärische Aufgaben aus. Er ist für sein Aufgebot, eben für seinen *comitatus*, innerhalb des Bayernheeres verantwortlich. Er hat »für sein Heer zu sorgen, damit dessen Angehörige in seiner Provinz nichts gegen das Gesetz tun«. Er besitzt Befehlsgewalt über die Unterführer seines Aufgebots, über die *centenarii* und *decani*. Weil die *Lex Baioariorum* in vielen Fällen westgotisches Recht übernahm, mögen diese Anführer von Hundertschaften und Zehnerschaften zwar an das nach dem Dezimalsystem gegliederte Westgotenheer erinnern. Diese Würdenträger kommen aber auch in bayerischen Urkunden vor.

Der Graf hob Abgaben ein und hatte zweimal im Monat das Grafengericht einzuberufen. Er hatte seine richterlichen Befugnisse mit Hilfe eines RICHTERS auszuüben, der ihm zwar unterstand, sein Mandat aber vom Herzog erhielt. Der »herzogliche Richter«, *iudex publicus*, musste, wie es das Gesetz verlangte, rechtskundig sein und seine Sprüche mit der bayerischen Lex begründen. Er bekam ein Neuntel des Streitwerts, sollte unbestechlich sein und »die Gerechtigkeit mehr als das Geld lieben«. Schwer sollte der ungerechte Richter bestraft werden. Der Graf hatte seine richterliche Gewalt an den Herzog zu delegieren, wenn er der »Großkopferten«, der *homines potentes*, seiner Grafschaft nicht Herr zu werden drohte.

Obwohl sich die herkömmliche deutsche Rechtsgeschichte einst mit kaum einem Thema lieber beschäftigte als mit der GEFOLGSCHAFT, handelte es sich dabei um einen modernen quellenfremden Kunstbegriff (Christian Lübke). Kein Wunder, dass sich das frühmittelalterliche Latein schwer tat, für etwas, das es der Sache, aber nicht dem Begriff nach gab, die richtigen Worte zu finden. Wenn ein Verwandter Tassilos, also ein Angehöriger der freien Elite, verkünden lässt, der Herzog habe ihm seine *servitutis quantitas* mit Benefizien vergolten, kann es sich nicht um die Leistungen eines unfreien Knechts gehandelt haben. Am ehesten waren damit die Dienste eines freien Vasallen gemeint, obwohl der Ausdruck *vassus ducis* bloß an einer einzigen Stelle im Bayernrecht vorkommt. Ebenso waren die tassilonischen *vernaculi* keine »im Haus geborene Sklaven«, sondern seine Gefolgschaftsleute, die an anderer Stelle *satellites* oder *satrapes* heißen.[50]

Allerdings unterscheiden diese Begriffe nicht zwischen freien und unfreien Gefolgschaftsleuten. Letztere erwähnt etwa das Protokoll der Synode von Dingolfing, wo den *servi principis*, den *adalscalhae*, den »Knechten des edlen (fürstlichen Herzogs)« ihr Wergeld garantiert wird, wie es schon zu Zeiten Odilos gegolten hat. Daraus folgt, dass bereits Tassilos Vater zur Sicherung seiner Herrschaft *adalscalhae* herangezogen hatte. Odilo war ein landfremder Schwabe und wurde vom Frankenherrscher 736/37 als Bayernherzog eingesetzt. Um 740 war die bayerische Opposition stark genug, Odilo zu vertreiben. Der Widerstand ging von »Konkurrenten«, von *aemuli*, aus, was Mitglieder der bayerischen Oberschicht, wie etwa der freien Genealogien, bedeutete. Aus dem Exil zurückgekehrt, begann Odilo mit unfreien Herzogsleuten einen neuen Erfüllungsstab, eine neue Gefolgschaft aufzubauen. Dies lässt sich an seinem Verhältnis zur unfreien Genealogie von Oberalm zeigen, wovon ein Mitglied dem Herzog sogar ins Exil gefolgt war.

Eine Spezialität des Salzburggaus dürften die *exercitales* gewesen sein, die im Rottachgau und auch anderswo nicht bloß in Bayern *milites* hießen. Ihre Verbindung mit dem Kriegsdienst ist vom Wort her offenkundig. Sie dürften die institutionellen Nachfahren der persönlich freien, aber an die Scholle gebundenen einstigen römischen Grenzsoldaten gewesen sein. Im frühmittelalterlichen Bayern war daher ihre Freiheit oder, genauer, ihre Freizügigkeit gemindert. Dies kann jedoch nicht für alle *milites* gegolten haben, wenn manche von ihnen oder ihre Söhne sogar Grafen wurden.[51] Die Herzogsleute genießen jedenfalls besonderen Schutz. Welcher Adelige einen von ihnen tötet, verliert sein Eigen, als hätte er wie bisher die Strafe für eine der Missetaten verdient, nämlich für Verschwörung zur Ermordung des Herzogs, für Landesverrat und Auslieferung einer Burg. So wird es in Dingolfing festgelegt.[52]

Wie Karl der Große setzte auch Tassilo als seine Vertreter zumeist Adelige als Boten, *missi*, ein, die in seinem Namen politisch handelten und nach dem Rechten sahen. In den Quellen ist von herzoglichen Verwaltern, *actores*, die Rede, von denen einer zugleich Graf sein konnte. Zwei slawische *actores* sind für die Slawendekanie zuständig, die Tassilo 777 an Kremsmünster übertrug. Die Nähe zum langobardischen Italien bewirkte die Übernahme langobardischer Fachausdrücke, wie Aldionen für Freigelassene. Doch bleiben diese Anleihen nicht auf die Tassilozeit beschränkt. Auch nennen sich bayerische Zeugen mitunter Gastalden, die im Langobardenreich die Funktion der Comites oder Grafen ausübten.[53]

Wie schon seine Vorfahren besaß auch Tassilo sowohl Kapläne als auch Kanzler. Mit aller gebotenen Vorsicht wird aufgrund der Urkundenformen auf eine herzogliche Kanzlei geschlossen, für die der Kanzler verantwortlich war. Eine solche Kanzlei darf man sich nicht als Behörde vorstellen. Sie war eher das Aufgabengebiet eines Teils der Hofgeistlichkeit, der Kapläne. Der bekannteste von ihnen, den es wirklich gegeben hat, war Fater, der Abt von Kremsmünster; der spektakulärste, dessen Schriften noch Aventin gekannt haben will, wäre Crantz gewesen, wenn es ihn wirklich gegeben hat.

GAUE UND GAUGENOSSEN

Die überwiegende Mehrheit der bayerischen Gaue, *pagi*, wurde nach Gewässern benannt, wie dies im gesamten Frankenreich der Fall war. Es gibt allerdings wichtige Ausnahmen: Der oberbayerische Walchengau/Wal(l)gau und der Kärntner Kroatengau hießen nach ethnischen Gruppen. Nicht wenige römische Städte behielten im bayerischen Frühmittelalter nicht bloß ihre Funktion als Zentralorte, sondern gaben ihre antiken Namen auch an Gaue weiter, wie das norische Iuvavum/Salzburg an den »Gau der Iuvavensier/Salzburggau«, das einstige raetische Kastell Quintanis an den niederbayerischen Künziggau und die ehemalige raetische Hauptstadt Augusta Vindelicum/Augsburg an den Augstgau. Dagegen wurde kein Gau nach Castra Regina/Regensburg benannt, sondern das ehemalige römische Legionslager lag im ruralen bayerischen Donaugau. Dies könnte ein zusätzliches Argument für die Annahme sein, dass der Vorort des ältesten bayerischen Dukats nicht Regensburg, sondern Augsburg war.[54]

Die bayerischen Gaue waren von Ödland mannigfacher Art umgeben. Ausgedehnte Wälder bildeten ab einer Hochlage von 500 bis 700 Metern die Grenzen der echten Gaue, die nur im Altsiedelland bis ins Gebiet nördlich des Alpenhauptkamms vom Bodensee bis zur Enns vorkommen. Ohne dass sie als »herzogliche Fiskalbezirke« nachzuweisen wären, lässt sich in allen Gauen der Wille zur politisch-ökonomischen Raumordnung erkennen.

Träger dieser Ordnung war die Oberschicht der Gaugenossen, der *pagenses viri nobiles*. Sie waren die heerbannpflichtigen Bewohner des Gaus. Vor dem von ihnen gebildeten Gericht des Salzburggaus bekämpften etwa »diese Romanen an der Fischach« als genossenschaftlicher Verband die Ansprüche von (Erz)bischof Arn (785/98–821) an einem »Wald an der Fischach«. Dieser Fluss mündet als rechter Zubringer unterhalb der Stadt Salzburg in die Salzach. Der Salzburger Oberhirte gewann den Rechtsstreit vor den Gaugenossen erst im zweiten Gerichtsverfahren.

Die bayerischen Gaue im Frühmittelalter (GuR 215). ▸

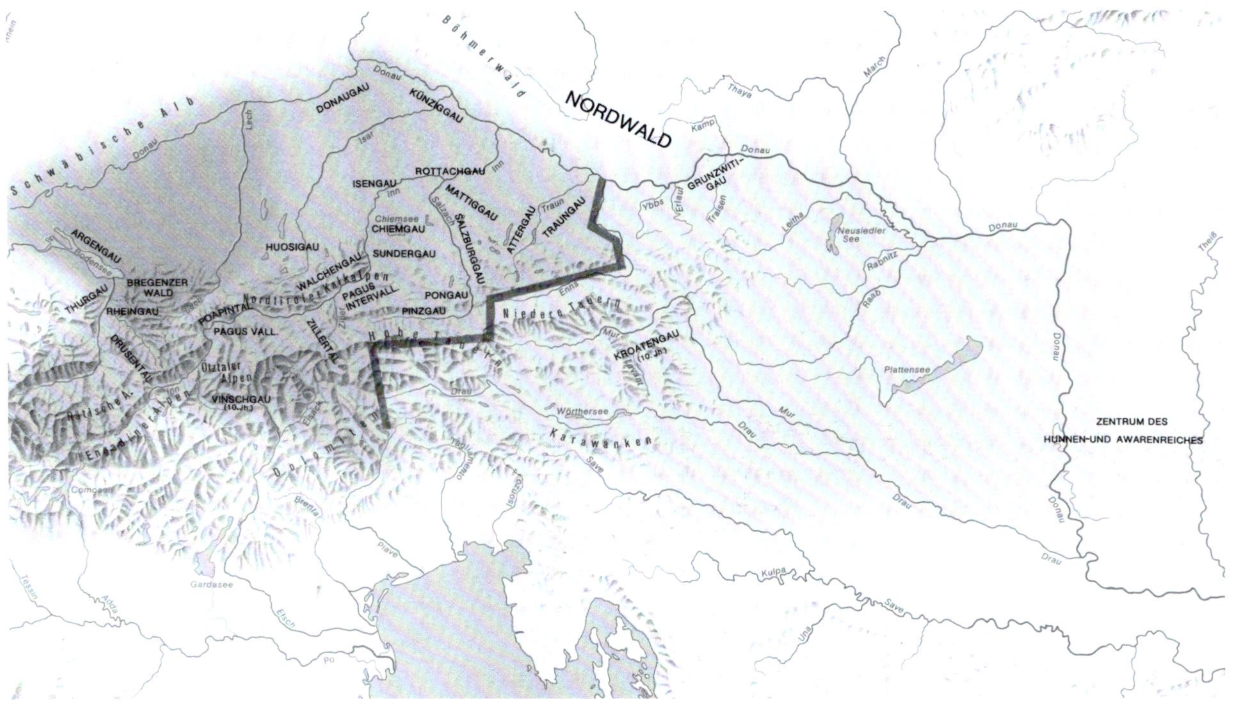

Böhmerwald
NORDWALD
Schwäbische Alb
DONAUGAU
KÜNZIGGAU
ROTTACHGAU
ISENGAU
MATTIGGAU
CHIEMGAU
SALZBURGGAU
ATTERGAU
TRAUNGAU
HUOSIGAU
SUNDERGAU
ARGENGAU
BREGENZER WALD
WALCHENGAU
PAGUS INTERVALL.
PONGAU
THURGAU
RHEINGAU
POAPINTAL
PINZGAU
PAGUS VALL.
ZILLERTAL
DRUSENTAL
Ötztaler Alpen
VINSCHGAU (10. Jh.)
Rätische A.
Engadiner Alpen
Nordtiroler Kalkalpen
Niedere Tauern
Hohe Tauern
Dolomiten
Karawanken
KROATENGAU (10. Jh.)
GRUNZWITI-GAU
ZENTRUM DES HUNNEN-UND AWARENREICHES
Donau
Lech
Isar
Inn
Salzach
Traun
Enns
Ybbs
Erlauf
Traisen
Kamp
Thaya
March
Leitha
Rabnitz
Raab
Mur
Lavant
Drau
Save
Kulpa
Una
Theiß
Isonzo
Tagliamento
Piave
Brenta
Etsch
Eisack
Po
Adda
Tessin
Bodensee
Chiemsee
Neusiedler See
Plattensee
Wörthersee
Gardasee
Comosee

Die Scharnitzer Gründungsurkunde von 763 erwähnt einen »Ödgau, den wir (Bayern) Uualhogoi nennen«. Der Walchengau, heute Wal(l)gau oberhalb des Isarfalls, war zwar nicht menschenleer, sonst wäre er nicht ethnisch zu benennen gewesen. Aber der Gau war ohne funktionierende Organisation; es fehlten offenkundig die *pagenses viri nobiles*.

Dieselbe Urkunde enthält auch das älteste Zeugnis für den inneralpinen *pagus Uuallenensium*. Dieser Oberinntaler »Gau der Talbewohner« oder zumindest der Raum um Zirl war 799 auch der »Gau, der *Poapintal* genannt wird«. Der Pagus trägt den Namen des Huosiers Poapo und beruht wie der westbayerische Huosigau auf Organisationsformen, die als Adelsgaue bezeichnet werden. Soweit und sobald ein Gau bestimmten Grafschaften gleichgesetzt oder als Teil zugeordnet wird, sind die Gaugenossen die freien und vollberechtigten Grafschaftsleute. Es gibt allerdings kein bayerisches Beispiel, dass Grafschaften die Namen von Gauen trugen.

Während des 9. Jahrhunderts verliert die Pagus-Gliederung zugunsten der zunehmend territorialisierten Grafschaften stark an Bedeutung. Der Ausdruck selbst kann aber noch lange als allgemeine geografische Bezeichnung für *regio*, *provincia* oder für späte Analogiebildungen wie Vinschgau oder Lungau verwendet werden.[55]

DAS VOLK, DAS NICHT DAS VOLK WAR

Der *populus* ist das politisch handlungsberechtigte Volk und bildet zahlenmäßig bloß die Minderheit eines Volkes, das mehrheitlich von einer Herrschaft abhängig war. In beiden Gruppen gab es FREIE und UNFREIE, die vor allem die normativen Quellen streng voneinander unterschieden. Zwischen die Freien und Unfreien schoben sich als eigene Gruppe die Freigelassenen, *frilatz*. Alle drei Gruppen waren sowohl Subjekte wie Objekte des täglichen Rechtslebens. Das Bayernrecht sichert dem Freien, auch wenn er arm war, das Leben, die Freiheit, die grundsätzliche Verfügungsgewalt über sein Erbgut, ein in der Grundstufe gleich hohes Wergeld und Gerichtsstand zu. Der Freie besaß »Gewalt über sich«. Er konnte gehen und kommen, wohin, woher und wann er wollte. Der Unfreie hingegen durfte dies nicht und war bei seiner Eheschließung vom Willen des Herrn abhängig. Er konnte verkauft werden, sogar, obwohl verboten, außer Landes, zu Heiden und Götzendienern, die ihn womöglich ihren Göttern opferten.

Frei oder unfrei war man von Geburt; doch konnte die Freiheit verlorengehen oder gewonnen werden. Selbstübergabe an einen Mächtigen oder an die Kirche minderte die Freiheit oder hob sie gänzlich auf. Wer seine Freiheit nicht verteidigen oder nicht ganz erringen konnte, besaß eine bloß eingeschränkte, ständig bedrohte Freiheit. Sie stand stets dort zur Diskussion, wo sie der Unfreiheit nahekam und daher von ihr unterschieden werden musste, oder umgekehrt, wo ein bisher Unfreier in die Freiheit entlassen wurde. Gerade in diesem Augenblick zeigt sich die Schutzbedürftigkeit des abhängigen Menschen. Er kann für gewöhnlich auch nach der Freilassung zu den verschiedensten Diensten, ja selbst zur Leistung unfreier Arbeit, zum *opus servile*, gezwungen werden. Auch konnte die Freiheit »auf Bewährung« verliehen werden. Der freie Bayer war in gleicher Weise ein relativer Begriff wie sein unfreies Gegenstück. Der einzelne Unfreie konnte aufgrund seiner Wirtschaftskraft und Funktionen ebenso verschiedenen Rang besitzen wie ein Freier, ja als Mann des Herzogs zur Elite zählen.

Die Mehrheit der frühmittelalterlichen Bevölkerung war unfrei. Der leibeigene Mann und die leibeigene Frau galten als *mancipium*. Sie waren grammatikalisch ein Neutrum, eine Sache ohne personales Geschlecht, so dass man in den Quellen von *mancipia utriusque sexus*, von Unfreien beiderlei Geschlechts, liest. Aber diese Gruppe bildete weder einen abgeschlossenen Stand noch blieb ihren Angehörigen jede Aufstiegsmöglichkeit verwehrt. Zwischen ihr und den Freien kannte die Rechtswirklichkeit eine Mittelschicht, die sich aus Gruppen verschiedenster frühmittelalterlicher Herkunft, grundsätzlicher Abhängigkeit und beiderlei Rechts, aus Freien wie Unfreien, rekrutierte. Aus diesen Gruppen entwickelte sich das hochmittelalterliche Bauerntum, das sich in den Texten und Glossen des 8. und 9. Jahrhunderts bloß in Ansätzen findet.

Da das Bayernrecht ein eigenes Kolonenstatut enthält, sei mit dem *colonus* begonnen. Der bayerische KOLONE, der als »Kirchenknecht«, *servus ecclesiae*, gilt, zinst seinem Herrn das *tributum*. Das heißt, er gibt jeden zehnten Scheffel Korns, zahlt Weidezins nach Landesbrauch, pflügt, sät, macht Heu, geht, wo dies möglich ist, in den Weinberg, bereitet den Honig und sorgt für den Transport wie die Aufrechterhaltung des Verkehrs. Im Auftrag seines Herrn reitet er oder geht zu Fuß, fährt mit dem Wagen bis zu einer Entfernung von etwa 75 km im Umkreis seiner Hofstätte. Er hält die Herrenhäuser in Ordnung, baut Heuschober, Kornspeicher und Kalköfen. Verfügt der Kolone über eigene Produktionsmittel, arbeitet er drei Tage für sich und drei Tage für seinen Herrn; der Sonntag gehört Gott. »Hat er allerdings Vieh und Gerät vom Herrn geliehen, diene er so viel, wie ihm nach Können auferlegt ist.« Ungerechte Bedrückung aber ist verboten.

Den Kolonen des Bayernrechts wie der Urkunden der meisten bayerischen Hochkirchen entsprechen die Salzburger und Niederaltaicher *tributarii*, *tributales*, deren Name die Verpflichtung zur Leistung des *tributum* ausdrücklich enthält. Bis gegen 750 werden sie als *Romani tributales* auch ethnisch bestimmt.

Eine besondere Gruppe von Abhängigen, die zwischen Freiheit und Unfreiheit, zwischen arm und reich, stehen, bilden die BARSCHALKEN. Sie können an der Reichenhaller Salzgewinnung beteiligt sein und davon beachtliche Schenkungen machen. Ein andermal werden Barschalken gegen Unfreie eingetauscht oder haben, »ob Mann oder Frau«, den gleichen Dienst zu leisten »wie die übrigen Unfreien«. Dem gegenüber ist es geradezu paradox, dass es ein eigenes Barschalken-Recht gab, das aktueller, häufiger und länger im Gebrauch blieb als das der Kolonen. Als die Kolonen längst schon verschwunden waren, besitzen die Barschalken immer noch ihr besonderes Recht, das zwar zitiert, aber nicht aufgeschrieben wurde und daher unbekannt ist. Die Barschalken führen einen bayerischen Namen, der »zinspflichtige Unfreie« bedeutet. Im hochmittelalterlichen Traditionsbuch des oberbayerischen Klosters Ebersberg werden sie Romanen gleichgesetzt. Diese Feststellung darf man zwar nicht verallgemeinern, sie dürfte aber zum Teil auch für die Tassilozeit zutreffen. Im oberösterreichischen Hausruckviertel gibt es in der Gemeinde Zell am Pettenfirst ein Ehwalchen, dessen Name »Romanen, die nach eigenem Recht leben«, bedeutet. In der Nähe des Ortes liegen ein Parschallen/Barschalken südlich von Nußdorf am Westufer des Attersees und nicht weit davon ein Parschall in der Gemeinde Frankenburg. Vielleicht lebten die Leute von Ehwalchen nach Barschalkenrecht.

Freiheit und Unfreiheit hatte besondere Bedeutung für das Familienleben, für Eheleute, Eltern und Kinder. Bei rechtlich ungleicher Ehe folgten die Kinder der »ärgeren Hand«, sprich: Die Freiheit der Frau war bedroht, während sie der freie Mann nicht verlor. Mann und Frau, Söhne und Töchter konnten verschiedenen Herren gehören. In Zeiten, da man sich ehrlich bemühte, die Unauflösbarkeit der Ehe durchzusetzen, bildete die Unfreiheit des Mannes einen legitimen Scheidungsgrund, selbst wenn schon Kinder lebten. Unter den Unfreien gab es allerdings wirtschaftlich starke Familien: So wurden Ehen zwischen ihnen und »edlen (freien) Frauen«, *nobiles* (*liberae*), geschlossen, ohne dass man nach der Rechtsqualität des Mannes lange gefragt hätte. Erst nach der Eheschließung konnte dessen »Knechtschaft« zum Problem werden. Sollte eine bayerische Freie nach der Hochzeit entdecken, dass ihr Mann ein Unfreier sei, »möge sie den Unfreien verlassen, und sie wird nachher nicht in Knechtschaft gebracht, sondern ist frei«. Diese gesetzliche Bestimmung sagt zwar nichts über die Gewissenskonflikte, das Leid und die Not der davon Betroffenen aus. Aber ihre Erlassung muss notwendig gewesen sein, wenn noch auf der Synode von Dingolfing der entsprechende Zusatz zum Bayernrecht beschlossen wurde.

Soweit die Norm. Im Einzelfall konnte bei Einsatz entsprechender Geldmittel und mit Zustimmung der Herren entschieden werden, eine Frau möge samt ihren Kindern frei bleiben und dennoch nicht die Ehegemeinschaft mit ihrem unfreien Mann lösen. Vielmehr könne sie weiterhin »zu ihm hineingehen, als wäre er ein Freier«.

Freiheit: Eine Frage der Geburt

Die Frage der Geburt trennte mitunter Blutsverwandte in einer für uns unvorstellbaren Schärfe. Da ist der Fall des Edlen Ratolt, der den Bischof von Freising in sein Haus beordert, um dort eine gewaltige Schenkung mit nicht weniger als 35 namentlich genannten Hörigen vorzunehmen. Der Edle zählte zur Führungsschicht Bayerns; sein Neffe war Bischof im »Ausland«. Aber Ratolt hat von einer seiner Mägde einen Sohn, den er dem Freisinger Oberhirten und dessen Vogt übergibt, um ihn freizulassen. Ganz am Ende der Urkunde handelt ein einziger Satz von diesem Sohn. Für ihn war eine einfache Freilassung durch die Kirche vorgesehen, die keine Vollfreiheit bewirkte. Auch gab es keine Versorgungszusage. Offenkundig hat Ratolt seinen Sohn nicht »mit ungeheurer Kraft seines Herzens geliebt«, wie es von einem anderen Vater heißt, der seinem unfreien Sohn unter großen Opfern sehr wohl die Vollfreiheit erkaufte.[56]

9 Der Herzog, die Kirche und das kulturelle Leben

DIE BISCHÖFE

Das Bayernrecht legte in gleicher Weise die Einsetzung des Herzogs wie der Bischöfe durch den Frankenkönig oder durch eine Volkswahl fest. Wie im Falle des Herzogs hing auch die Bischofsernennung von der jeweiligen politischen Situation ab. Als Tassilo 763 mit seinem Onkel brach, traten gleichzeitig sowohl in Freising wie in Regensburg Vakanzen ein, die der Herzog ohne Rücksprache mit der fränkischen Zentrale besetzte. Der Ire Virgil hatte dagegen 746/47 das Bistum Salzburg bekommen: aufgrund der Entsendung und Erlaubnis des Frankenherrschers Pippin III., wie es dem Bayernrecht entsprach, der päpstlichen Zustimmung, wie es kanonisches Recht war, und trotz der bayerischen Niederlage von 743 aufgrund der tatsächlichen Verleihung durch Herzog Odilo. Es gab zwar wegen der Bischofshofener Maximilianszelle Streit zwischen den beiden. Aber dieser lokale Interessenskonflikt änderte nichts am guten Verhältnis zwischen Odilo und Virgil, worüber sich der päpstliche Legat Bonifatius sogar in Rom beschwerte. Noch im Jahre 748 bezeugte der Ire eine Seelgerätstiftung für den eben verstorbenen Herzog.[57]

Wahrscheinlich reichte das agilolfingische Kirchenregiment bis auf Odilo zurück, nachdem dessen Plan am Widerstand des Papstes gescheitert war, Bonifatius zum Erzbischof einer bayerischen Sedes zu erheben.[58] In der Nachfolge des Vaters nahm Tassilo daher die Stelle eines bayerischen Kirchenoberhaupts ein, die wahrscheinlich erst mit dem Rechtsverzicht von 794, wenn nicht erst mit seinem Tod endete. Alle bayerischen Bischöfe der Tassilozeit stammten aus dem Adel. Ja, Regensburg und Passau waren in der Hand von richtiggehenden Bischofssippen. Und auch der »Fremde« Virgil muss von hoher irischer Geburt gewesen sein, wenn er nach seiner Ankunft auf dem Kontinent um 744 sofort Zutritt zu Pippin III. in dessen Residenz Quierzy fand und dort zwei Jahre lang blieb. Danach

Bischöfe zu Tassilos Zeiten

Unter Herzog Tassilo regierten Virgil (746/47–784) und Arn (785–821) in Salzburg, Joseph (748–764), Arbeo (764–782/83) und Atto (784–811) in Freising, der Ire und Virgil-Gefährte Sidonius (nachgewiesen 754), ein nur dem Namen nach bekannter Anthelm, Wisurich (nachgewiesen 770–777) und Waltrich (777–vor 804) in Passau, Gaubald (739–763), Sigerich (763?–767?) und Sindbert in Regensburg (767?–801) sowie der überaus langlebige Alim (vor 748–nach 802) in Säben. Nicht sicher ist, ob ein Manno und sein Nachfolger Oadalhart einem Donau-Bistum Neuburg vorstanden, das jedenfalls Karl der Große mit Augsburg vereinigte.

wurde er von Pippin persönlich zu Odilo nach Bayern gesandt, wo er 746/47 das Bistum Salzburg erhielt.

Wie schon die lückenhafte Passauer und die unsichere Regensburger Bischofsliste zeigen, ist hier mit großen Überlieferungsverlusten zu rechnen. Und in Säben wird nur Alim erwähnt. Die gute Überlieferung in Salzburg und Freising war das Verdienst der Bischöfe Arbeo und Virgil sowie von dessen Nachfolger Arn; alle drei waren ganz außerordentlich gebildete und tatkräftige Persönlichkeiten.

Das nicht zuletzt von Virgil und Arbeo getragene kulturelle und geistige Leben im tassilonischen Bayern beweist, dass die vielberufene karolingische Renaissance, die viel eher eine *emendatio et correctio*, eine Verbesserung, war, auch vorkarolingische und außerfränkische Wurzeln hatte. Dafür waren in Bayern ebenso insulare wie italienisch-langobardische Einflüsse verantwortlich. In den geistlichen Gemeinschaften entstanden Bibliotheken, die von gut entwickelten Skriptorien profitierten. Gut bezeugt sind solche Bücherwerkstätten etwa in den Bistümern Freising und Salzburg sowie in den Klöstern Mondsee, Tegernsee, Benediktbeuern und Niederaltaich. Zur

Bistümer und Klöster im frühmittelalterlichen Adria-, Donau- und Ostalpenraum (GuR 177). ▶

Erzbistum
Bistum
Kloster
Pilsen
Nürnberg
Regensburg
Böhmerwald
Niederaltaich
Schwäbische Alb
Augsburg
Freising
München
Passau
Linz
St. Florian
Kremsmünster
St. Pölten
Wien
Pressburg
Erzbistum Method
Brünn
Neutra
Freiburg
Reichenau
Konstanz
St. Gallen
Bregenz
Tegernsee
Scharnitz
Innsbruck
Chiemsee
Mattsee
Mondsee
Salzburg
Eisenstadt
Ödenburg
Budapest
ca. 830
Graz
Plattensee
Hohe Tauern
Niedere Tauern
Chur
Disentis
Müstair
Ötztaler Alpen
Brixen
Säben
Bozen
Innichen
811
Klagenfurt
Karawanken
Marburg
Trient
Udine
Emona/Laibach
Agram
Aquileia
Grado
Triest
Mailand
Verona
Venedig
Fiume
Pola
Turin
Sirmium
Donau
Drau
Save
Raab
Mur
Inn
Lech
Rhein
Po

vorherrschenden lateinischen Schriftkultur kamen aber auch die ersten Zeugnisse theodisker Schriftlichkeit. »Neben dem unbestritten ›vorkarlischen‹ Abrogans zeugt mit hoher Wahrscheinlichkeit auch die altbayerische Beichte für heimische Ansätze, die über Karls kulturpolitische Maßnahmen zurückreichen« (Ingo Reiffenstein). Eher nach als vor 800 hatte der Bayer Eigil in Fulda die Vita seines Landsmannes Sturmi verfasst, mit Fulda haben auch die Kasseler Glossen zu tun, in denen ein Bayer kein gutes Haar an den Walchen/Welschen lässt, und im 9. Jahrhundert wurde in Fulda das Hildebrandslied in theodisker Sprache aufgeschrieben. Die tragische Geschichte vom tödlichen Kampf des Vaters mit dem eigenen Sohn stammt aus dem langobardischen Norditalien, hatte während des 8. Jahrhunderts auf dem Weg nach Norden Bayern durchquert und dabei sprachliches Gut von dort mitgenommen. Das Gleiche dürfte mit dem Begriff *theodiscus* geschehen sein. Daraus entwickelte sich das Wort »deutsch«, das jedoch zunächst so viel wie bayerisch bedeutete, als es nicht mehr die germanischen Sprachen insgesamt meinte, sondern erstmals zur Bezeichnung eines Volkes verwendet wurde.[59]

VIRGIL UND ARN VON SALZBURG

In den Quellen findet sich kein wie auch immer gearteter Hinweis auf einen Konflikt zwischen Virgil und Tassilo.[60] Als sich der Abt von St. Peter am 15. Juni 749 zum Bischof von Salzburg weihen ließ, hatte das herzogliche Kind offenkundig wieder die Freiheit und sein Fürstentum Bayern erlangt. Mit herzoglicher Hilfe gelang Virgil für seine Kirche die Schaffung oder Erhaltung mehrerer Wirtschaftszellen, wie Seekirchen am Wallersee, Elsenwang bei Hof im Salzburger Flachgau, Zell am See und Kufstein, möglicherweise sogar Raitenhaslach. Dazu kamen an die 70 bischöfliche Kirchen als Benefizien aus Herzogsgut. Von den adeligen Eigenklöstern, um die Virgil stritt, dürfte er jedoch bloß Otting am Waginger See und Gars am Inn tatsächlich erworben haben. Andrerseits hatte er gute Kontakte zu den Huosiern und konnte so Salzburger Besitz zwischen Lech und Isar sichern.[61]

Virgil nahm nachweisbar an der Synode von Dingolfing teil und wirkte dort wesentlich am Zustandekommen der bayerischen Gebetsverbrüderung mit. Sein Name wird an hervorragender Stelle in die Zeugenlisten mehrerer Urkunden eingetragen. So war er am 8. September 776 in Wels, als der den Agilolfingern stets treue Graf Machelm eine große Schenkung an Freising beurkunden ließ. Virgils Name führte 777 die Zeugenliste der herzoglichen Dotationsurkunde für Kremsmünster an.

Noch 784, in Virgils letztem Lebensjahr, wurde das Salzburger Verbrüderungsbuch angelegt. Virgil war insoweit Ire geblieben, als er den Angehörigen St. Peters in der »gottgewollten Ordnung« die ersten Ränge zuteilte und dann die Listen der weltlichen Herrscher wie die geistlichen Ordines außerhalb Salzburgs folgen ließ. Salzburgs *Liber confraternitatum* zeigt aber auch, dass Virgil im »Spiel der Mächtigen« eine durchaus Tassilo gewogene Position bezog. Er ließ seine Pietät und schuldige Dankbarkeit von niemandem beschränken, sondern gedachte unbeirrt von der politischen Lage der mit Salzburg einst und jetzt im Gebet Verbrüderten. Im Ordo der Toten finden sich Karls des Großen Vorfahren, darunter aber nicht seine Großmutter, sondern die zweite Gemahlin Karl Martells, die »böse« Agilolfingerin Swanahild. Unter den Toten ist auch Karlmann II., der jüngere Bruder eingetragen, mit dem Karl seine liebe Not gehabt hatte. Und im Anschluss an diesen Namenblock folgt gar der Name des 774 abgesetzten und ins Frankenreich verbannten Langobardenkönigs Desiderius, des Vaters der Bayernherzogin Liutpirc. Das Verzeichnis der lebenden Herrscher setzt diesen Aufbau fort: Karl der Große und seine vier Söhne – Pippin der Bucklige, die Hildegardkinder Karl der Jüngere, Ludwig der Fromme und Pippin von Italien –, die 783 von Karl geheiratete Fastrada und die Karl-Tochter Hrodrud finden sich in Gesellschaft nicht bloß von Ansa, der Gemahlin des Desiderius und Mutter Liutpircs, sondern es wird auch Adelchis genannt. Der Bruder der Herzogin war seit 759 zusammen mit dem Vater Desiderius Langobardenkönig gewesen, entkam 774 rechtzeitig aus Pavia, versicherte sich der byzantinischen Unterstützung und hatte

784 noch keineswegs die Hoffnung auf die Wiedergewinnung seines Reichs aufgegeben.

Kein Wunder, dass Virgil bei einer solchen Offenheit auch der toten und lebenden Agilolfinger Herzöge und ihrer Familien in einmaliger Vollständigkeit gedachte. Er war schon lange tot, aber seine Haltung war nicht mit ihm gestorben. Vor 794 dürfte ein jüngerer als der ursprüngliche Schreiber den Namen der verfemten Liutpirc der Liste der toten Herzöge beigefügt haben. Die Herzogin und ihre beiden Töchter Cotani und Hrodrud werden ebenso als Insassen des Klosters Corbie erwähnt. Ein Nachtrag ist auch die Nennung Grifos, des 753 getöteten Sohnes Karl Martells und der Swanahild, dessen Name hinter dem seines Vaters eingetragen wurde.[62]

Virgils langjährige und erfolgreiche Salzburger Regierung schuf die Voraussetzungen für die erste kulturelle Blütezeit des Hochstifts. Spätestens um 770 regte er seinen Amtsbruder Arbeo von Freising zur Abfassung der Lebensbeschreibung Corbinians an. Gute Beziehungen bestanden zwischen Salzburg und Freising auch auf mittlerer Ebene: Eine anonyme Nonne der Freisinger Diözese wandte sich in einem Brief an Bischof Virgil, pries seine Gelehrsamkeit und bat um Unterstützung in materieller wie geistlicher Hinsicht. Dabei berief sie sich auf ihren Vorgesetzten Wicrat, einen ehemaligen Schüler Virgils und nun Priester der Freisinger Diözese.

Virgil wird mitunter als Verfasser einer sagenhaften Kosmologie, des Aethicus Ister, angesehen, was aber nicht stimmen dürfte. Salzburg war jedoch nicht bloß ein Stützpunkt irischer Gelehrsamkeit und Kunstfertigkeit: Um 770 schuf der Angelsachse Cutbercht dort das berühmte, nach ihm benannte Evangeliar.

Mit großer Wahrscheinlichkeit geht auch die heute verlorene Urfassung einer Rupert-Vita auf eine Anregung oder eigene Arbeit Virgils zurück. Den Anlass boten wahrscheinlich seine Nachforschungen, die er 746/47 im Streit um die Zelle Bischofshofen angestellt hatte, und nicht erst die Weihe einer noch nicht fertig gestellten Rupertkirche am 24. September 774. Das Gotteshaus, dessen Vorbilder im königlich-langobardischen Italien standen, erreichte mit seinen 66 m Länge und 33 m Breite die Ausmaße der Stiftskirche von Saint-Denis. Der Bau steht auch für das gute Verhältnis zwischen dem Salzburger Bischof und dem Herzog, ohne dessen Mitwirkung es nicht möglich gewesen wäre, die Reliquien Ruperts aus Worms zu überführen. Die Gebeine des Salzburger Gründerheiligen wurden im Dom samt den Reliquien seiner in Salzburg verstorbenen Gefährten Chuniald und Gisilarius bestattet. Die Verehrung »Ruperts mit seinen Genossen« bezeugt bereits eine Handschrift des frühen 9. Jahrhunderts.

Möglicherweise hat Virgil auch den Beginn der ältesten Salzburger Annalistik angeregt. Abt Fulrad von Saint-Denis, der 784 bloß einige Monate vor Virgil starb, muss wenigstens eine geschulte Kraft für das Salzburger Skriptorium zur Verfügung gestellt haben, und zwar »reichen die Anfänge der Alt-Salzburger Schrift vor dieses Datum zurück. Denn die so dauerhafte Saint-Denis-Tradition kann nicht erst im letzten Lebensjahr Fulrads begründet worden sein. Welche der erhaltenen Stücke noch unter Virgil geschrieben sein könnten, lässt sich freilich nur vermuten; es wird vor allem an die irischen Texte und die Kopien nach irischen Vorlagen zu denken sein«.[63]

Eine ehemals Salzburger, nun Wiener Handschrift enthält die beiden ausführlichsten und wichtigsten irischen Bußbücher. Die Handschrift wurde zwar erst unter Arn knapp vor 800 geschrieben, zählt aber noch zur »Alt–Salzburger Gruppe«. Allerdings zeigen die Fehler der verwendeten karolingischen Minuskel, dass eine irische Vorlage benützt wurde. Dass diese Vorlage Virgils »Handexemplar« gewesen sei, kann man selbstverständlich bloß vermuten. Jedenfalls bedurfte der Abt von St. Peter derartiger Ordnungen, um seinen bunten Konvent zu leiten. Die Lektüre der Pönitentialien, insbesondere der irischen Bußbücher, ist wahrlich nicht nach jedermanns Geschmack. Aber dann findet man mitten unter der taxativen Aufzählung der abstrusesten menschlichen Verirrungen und ihrer Bestrafung einen Satz des wahren Christentums: Dem Ehemann wird verboten, seine unfruchtbare Frau zu entlassen. Selbst ein Papst Gregor II. hatte noch seinem Legaten Bonifatius mitgeteilt, dass er darin

Das im späten 7./frühen 8. Jh. in Northumbrien entstandene Rupertus-Kreuz kam spätestens unter Bischof Virgil vor 774 als Prozessions- und Altarkreuz nach Salzburg.

einen möglichen Scheidungsgrund erblicke.

Unter Virgil blühte in Salzburg die »kostbare Kunst des kleinen Formats« (Wilhelm Messerer). Der berühmte Tassilo-Kelch dürfte in Salzburg entstanden sein. Auch hat Virgil das in Northumbrien angefertigte Rupertus-Kreuz anscheinend für die Dedikation des Rupertdomes 774 erworben, um es zunächst als Prozessionskreuz und danach als Altarkreuz des neuen Domes zu verwenden.

Am 27. November 784 starb Virgil. Als Arn im folgenden Jahr sein Amt antrat, bekannte er sich bezeichnenderweise vor langobardischen Bischöfen noch stolz als Nachfolger und Erbe Virgils. Trotzdem ging das Wissen um den Bestattungsplatz des Iren bald verloren. Erst als Erzbischof Konrad III. seinen großen Dombau begann, wurde 1181 der verschollene Bestattungsplatz Virgils in der Südmauer wiederentdeckt und sein Leib erhoben. Rund ein halbes Jahrhundert später hatten die Salzburger Bemühungen den gewünschten Erfolg: Am 18. Juni 1233 wurde dieser außerordentliche Mann von Rom heiliggesprochen. Aber eine dem volkstümlichen Rupert-Kult vergleichbare Verehrung konnte trotz starker Förderung seitens der Erzbischöfe nicht entstehen. Heute hat Virgil sein eigenes Fest am 27. November verloren und wird am 24. September, zu Herbst-Ruperti, mit dem Salzburger Landespatron mitgefeiert.

Virgils bleibender Erfolg war die Karantanenmission, die er mit tatkräftiger herzoglicher Unterstützung etwa 752 aufnahm und bis zu seinem Tod 784 wesentlich förderte. Sein Nachfolger Arn knüpfte dort an, wo Virgil aufhören musste, was ebenfalls nicht ohne herzogliches Einverständnis möglich war. Allerdings behauptete Arn, er verdanke das Bistum Salzburg einzig und allein Karl dem Großen. Diese Feststellung ist sicher nicht ganz falsch, wurde aber erst nach Tassilos Sturz im Jahre 790 aufgeschrieben, als man sich mit den neuen Machtverhältnissen arrangieren musste. In Kremsmünster 777 hatte Arn noch als Presbyter mit Abt Fater im Auftrag Tassilos die Grundgrenzen abgeschritten. Zehn Jahre später suchten Arn, Bischof von Salzburg, aber auch Abt von Saint-Amand, und der Mondseer Abt Hunrich als herzogliche Gesandte in Rom für Tassilo zu retten, was noch zu retten war. Die Bemühungen der beiden waren 787 erfolglos, aber geschadet hat ihnen die persönliche Begegnung mit Papst und Frankenkönig offenkundig nicht. Im Gegenteil: Mit Arn führte Karl der Große 798 die alte Metropolitanverfassung auch in Bayern ein, das heißt, der Salzburger Erzbischof wurde wie in der alten Kirche der Vorgesetzte seiner Suffraganbischöfe.

ARBEO VON FREISING

Wie Virgil für das tassilonische Salzburg, steht sein Amtsbruder Arbeo für das gleichzeitige Freising. Neben dem Bistum Salzburg bildete Freising unter Arbeo das zweite Zentrum des frühen bayerischen Geistes- und Kulturlebens. Ja, der »Südtiroler« Arbeo gilt überhaupt als »erste namentlich und biographisch fassbare bayerische Schriftstellerpersönlichkeit« (Franz Glaser). Man kennt ihn als Verfasser der zwischen 769 und 772 entstandenen Viten Emmerams und Corbinians. Letzterer galt als Freisinger Gründerheiliger; sein Leichnam wurde eher 769 als früher in die Bischofsburg an der Isar überführt. Aus diesem Anlass entstand ein neuer Dom.

Auch werden die Ursprünge des glanzvollen Freisinger Skriptoriums auf Arbeo zurückgeführt. Lange Zeit war es allgemein anerkanntes Handbuchwissen, dass der berühmte

Abrogans, ein alphabetisch geordnetes, lateinisch-theodiskes Synonymwörterbuch zum Alten und Neuen Testament, seine Schöpfung gewesen sei. Diese Ansicht gilt heute als widerlegt: Das Werk wird ganz allgemein einem »oberdeutschen, wohl bairischen Skriptorium« zugeschrieben.[64]

In Freising will man 804 von Tassilo und Liutpirc zugunsten des Klosters Herrenchiemsees geschädigt worden sein: Das Herzogspaar habe es Bischof Arbeo verübelt, dass er Karl dem Großen und den Franken treuer gewesen sei als ihnen. Stellt man dieser Behauptung jedoch die urkundlich bezeugte gute Zusammenarbeit zwischen Tassilo und Arbeo gegenüber, dürfte Bischof Atto aus einem Streit um Herrenchiemsee, wo der Klosterbischof Dobdagrecus nach irischer Gewohnheit eine monastische *parruchia*, einen eigenständigen Klosterbezirk, auf Kosten Freisings errichtet hatte, eine allgemeine antitassilonische Haltung Arbeos konstruiert haben. Arbeo war jedenfalls der erste, der 763 Tassilo nach seinem Bruch mit Pippin als »unseren höchsten Fürsten« titulierte. Auch war er als Bischof wiederum der Begünstigte, als Tassilo die Überführung der Reliquien Corbinians in die Freisinger Bischofsburg ermöglichte. Es sei unbestritten, dass Arbeo in seinen Heiligenlegenden kritische Töne gegenüber Mitgliedern der Herzogsfamilie anschlug. Davon waren jedoch nicht alle betroffen, und der oberste Herzog Theodo, mit dem sich Tassilo vergleichen konnte, blieb von jeglichem Tadel frei.

PASSAU

Der dritte kanonische Bischof von Passau nach 739 war der Virgil-Gefährte Sidonius. Der Skandal, dass die beiden Iren dem päpstlichen Legaten Bonifatius in der Tauffrage erfolgreichen Widerstand geleistet hatten, blieb in der Überlieferung deutlicher erhalten als der Passauer Episkopat des Sidonius. Außerhalb Salzburgs kennt seinen Namen nur eine einzige Passauer Urkunde vom 8. August 754. Nach ihm und einem dem Namen nach bekannten Anthelm nahm Wisurich die Passauer Sedes ein. Allerdings ist auch dieser bloß zwischen dem 26. September 770 und der ersten Hälfte des Jahres 777 bezeugt. Wisurich vertrat seine Diözese auf der Dingolfinger Synode, machte gute Geschäfte mit seinem Herzog und fasste Fuß im Passauer Wald, im Sauwald nordöstlich von Schärding. Die erhaltenen Quellen zeigen Wisurich in engem Kontakt mit den geistlichen und weltlichen Großen seiner Zeit, mit dem Herzog, mit dem Grafen Machelm und nicht zuletzt mit dem Salzburger Bischof Virgil. Dieser hat denn auch Wisurichs Namen 784 in den Ordo der verstorbenen bayerischen Bischöfe eintragen lassen. Im Herbst 777 weihte bereits sein wahrscheinlich mit ihm verwandter Nachfolger Waltrich die tassilonische Stiftung Kremsmünster.

Waltrich ist der Leitname einer »Bischofssippe«, deren Angehörige in Bayern, in Burgund und am Rhein wirkten. Einer von ihnen gründete Schäftlarn und wurde Bischof von Langres, stand aber auch den Karolingern nahe. Die ebenso oft versuchte wie verworfene Identifizierung des Passauers Waltrich mit seinen westlichen Namensvettern besitzt symptomatische Bedeutung für die Möglichkeiten wie Gefahren der genealogischen Methode. So wirkt die Gleichsetzung der beiden Bischöfe von Passau und Langres höchst unwahrscheinlich.

Von allen genealogischen Spekulationen abgesehen, lehrt die Person des Passauer Bischofs, dass Tassilo III. selbst auf dem Höhepunkt seiner Macht solche Bayern als Bischöfe akzeptieren musste, die sich enger Beziehungen zu den Karolingern erfreuten. Dieser Umstand sowie die lange Regierungsdauer Waltrichs, der die Jahrhundertwende überlebte und erst gegen 804 starb, garantierten die karolingische Zukunft des Donau-Bistums. Gut stand Waltrich auch mit Arn von Salzburg, der für ihn und seine Kirche als Schiedsrichter auftrat. Sowohl im März 788 wie anscheinend auch im Oktober 802 besuchte der Passauer Bischof seinen Erzbischof an der Salzach.

Tassilo hatte die Gebeine Valentins in Trient erworben und mit Zustimmung des Bischofs über Freising nach Passau bringen lassen, wo der Heilige neben Stephan der zweite Diözesanpatron wurde. Arbeo war zwar über die noble Geste seines Vorgängers Joseph, die nicht ohne herzogliche Nachhilfe erfolgte, ein wenig verstimmt. Er ließ sich dadurch aber eher zur Überführung Corbinians anregen, als dass er den Passauer Bischöfen Wisurich und Waltrich nachhaltig gegrollt hätte.[65]

REGENSBURG, SÄBEN UND DIE BAYERISCHEN BISCHÖFE IM AUSLAND

Scheinbar wenig förderte Tassilo den Bischof seiner Herzogsstadt Regensburg. Man hat den Eindruck, er habe ihn gleichsam als seinen Hofkaplan betrachtet und dementsprechend eingesetzt. So brachte Bischof Sintpert die zwölf Geiseln nach Quierzy zurück, die Karl der Große 781 zur Sicherheit Tassilos gestellt hatte.[66] Aber um 783 begann der Abtbischof umfangreiche Umbauten oder sogar einen Neubau in St. Emmeram, wohin der Heilige um 740 überführt worden war. Ein derartiges Unternehmen bedurfte der Erlaubnis wie der tatkräftigen Unterstützung des Herzogs.

Von den Bischöfen, die eindeutig einer bayerischen Sedes zuzuordnen sind, ist noch Alim zu nennen, der vor Tassilo und noch lange nach ihm Bischof von Säben war. Die in Bozen 769 von Tassilo ausgestellte Gründungsurkunde für Innichen hat Alim als zuständiger Bischof und hervorgehobener Schlusszeuge unterzeichnet. Das Dokument selbst wurde aber von einem Freisinger Schreiber verfasst. Zumindest auf der Synode von Dingolfing sind Herzog und Bischof einander wieder begegnet.[67]

Erstaunlich groß ist die Zahl der bayerischen Bischöfe, die im südlichen Frankenreich des 8. Jahrhunderts Karriere machten, weil die Verwüstungen durch die Araber Not an geeignetem Personal erzeugt hatten. Diese Bischöfe zählten samt ihren Verwandten anscheinend nie zu den Freunden Tassilos. So spricht man von den »Schäftlarner Bischöfen von Langres«, deren Reihe der Klostergründer Waltrich anführte, der aber kaum auch Bischof von Passau war.[68]

DIE SYNODEN DER TASSILOZEIT

Aus der Zeit Tassilos sind die Protokolle dreier Synoden überliefert, die alle auf herzoglichem Grund und Boden stattfanden und von denen nur die zweite Versammlung von Neuching mit

14. Oktober 771 oder 772 genauer datiert ist. Die dritte, vielleicht wichtigste Synode tagte in Dingolfing und wird von Heinrich Berg und Joachim Jahn unabhängig voneinander und mit guten Gründen auf 767/77 datiert.[69] Die erste Synode trat in Aschheim zusammen; sie übernahm Texte des 755 in Ver abgehaltenen fränkischen Reichskonzils und setzt daher dieses zeitlich voraus.

Für die in Aschheim versammelten Bischöfe befand sich der Herzog noch im zarten Alter, war zugleich aber in der Heiligen Schrift besser als seine Vorgänger bewandert und wurde von den Bischöfen als von Gott eingesetzter Fürst und »glorreichster Herr, unser Herzog« tituliert. Mit einem Wort: Tassilo kann zur Zeit der Synode von Aschheim weder ein kleines unmündiges Kind noch im fortgeschrittenen Alter gewesen sein. Die Datierung von Aschheim auf die Frühzeit seiner Mündigkeit in den späten 750er-Jahren dürfte daher das Richtige treffen.

Die Bischöfe legten Tassilo einen Wunschkatalog vor, der nicht zuletzt die Forderung enthielt, der Herzog möge die Zehentpflicht durchsetzen. Mit der Einführung dieser langlebigen Abgabe eilte Bayern der allgemeinen Entwicklung im Frankenreich voraus. In keiner Weise rüttelt jedoch Aschheim an der herzoglichen Kirchenherrschaft. Unsicher ist allerdings, ob Tassilo in Aschheim anwesend war. Dagegen führte er in Neuching und Dingolfing den Vorsitz. Damals befand sich der Herzog auf dem Höhepunkt seiner Macht, die es ihm erlaubte, gesetzliche Zusätze zum Bayernrecht, die *Decreta Tassilonis*, zu erlassen. In Neuching dekretierte der Herzog als ersten Punkt das Verbot, Unfreie ins Ausland zu verkaufen, und zwar noch bevor Karl der Große 779 in Herstal (Lüttich) dieselbe Bestimmung verfügte. Insgesamt verraten die Beschlüsse keine Bevorzugung der Klöster zum Nachteil der Bischöfe oder das Gegenteil.

10 Der Klostergründer

Unter Odilo begann die große Zeit der bayerischen Klostergründungen, die nicht zuletzt im Zusammenspiel von Herzog und Adel möglich wurden. Mitwirkung und Opposition sind nämlich bloß die beiden Seiten einer einzigen Medaille, die Herrschaft heißt (Karl Brunner). So stellte etwa Tassilo eine Urkunde »vor den Bischöfen, Priestern, Diakonen und meinen Gefolgschaftsleuten« aus, die für die Kirche des Priesters Ursus bestimmt war[70]. In diesem Fall dürften sich alle Beteiligten einig gewesen sein. Nur wenige Jahre nach dem Erreichen der Volljährigkeit knüpfte Tassilo an die Aktivitäten seines Vaters an und setzte dessen Werk in einem wesentlich größeren Umfang fort. Als Motiv verkünden die wenigen erhaltenen Gründungsurkunden vereinfacht gesagt: Der Schenker will nicht in die Hölle, sondern in den Himmel kommen. Und das Gleiche gilt für die adeligen Stifter.

Ohne das religiöse Motiv gering schätzen oder gar ausschalten zu wollen, war es sicher nicht das einzige für das Handeln der Donatoren und auch nicht des Herzogs: Viele Klöster entstanden an den Grenzen Bayerns oder an gefährdeten Passübergängen und wichtigen Straßen. Sie dienten dem Ausbau und der Sicherung des Landes.[71] Klöster brachten Kultur und Zivilisation in die letzten Winkel des Herzogtums. Die häufigen Angaben, die Klöster seien in einer Einöde und unbewohnten Wüstenei gegründet worden, sind weder unbesehen zu übernehmen noch als bloße Gemeinplätze abzutun. Vielmehr muss die jeweilige Überlieferung kritisch geprüft werden; vor allem darf die Einöde, die ein minder oder nicht organisierter Bezirk war, nicht mit Menschenleere verwechselt werden.[72] Dazu kommt ein rechtlich-formaler Aspekt: Der Herzog besaß in der Nachfolge der römischen Kaiser das *ius (h)eremi*, das Recht auf die Wildnis, die somit Teil des herzoglichen Fiskallandes, der *causa dominica*, war (Joachim Jahn). Es fällt auf, dass Tassilo die großartigsten Herzogstitel in denjenigen Urkunden führte, die in diesen Randzonen seines Herrschaftsgebiets ausgestellt wurden, in Bozen, Mondsee und Kremsmünster.

Die Klöster boten auch ein Gegengewicht zu den Bistümern. Letztere waren zwar ebenfalls wie Salzburg (St. Peter), Freising (Kloster auf dem Domberg), Regensburg (St. Emmeram) und wohl auch Passau mit lokalen Klöstern identisch. Aber sie entwickelten im 8. Jahrhundert zunehmend die Tendenz, territorialisierte Diözesen zu werden und die in ihrer *parrochia* liegenden anderen Klöster und Zellen samt ihren Territorien zu schlucken. Besonders Salzburg war darin mit und gegen den Bayernherzog erfolgreich. Karl der Große, der die Bistümer diesbezüglich konsequent förderte, hat dagegen kein einziges Kloster gegründet.

Wilhelm Störmer erstellte für die bayerisch-salzburgische Bajuwaren-Ausstellung 1988 eine alphabetische Liste (s. Kasten) von 57 Klöstern und Zellen, die im Bayern des 8. Jahrhunderts erwähnt werden, sei es, dass sie gefördert, neu ausgestattet oder in der Mehrzahl von Herzog und Adel gegründet wurden. Es hat sich bewährt, die herzoglichen nicht mehr streng von den Adelsgründungen zu unterscheiden, weil der eine Stifter fast immer der Zustimmung des anderen bedurfte.

Klostergründungen der Tassilozeit

Um nur die wichtigsten, zumindest wahrscheinlichen Gründungen der Tassilozeit zu nennen, sei Störmers alphabetische Liste auszugsweise übernommen: Benediktbeuern (unsicher um 740 oder erst unter Tassilo gegründet, Lkr. Bad Tölz-Wolfratshausen), Berg im (Regensburger) Donaugau (768/770), Frauenchiemsee/Frauenwörth (782), Innichen (769, Provinz Bozen), Kremsmünster (777, Bezirkshauptmannschaft Kirchdorf a. d. Krems), Mattsee (760?, Bezirkshauptmannschaft Salzburg-Umgebung), Metten (um 770, Lkr. Deggendorf), Moosburg (776/77 bezeugt, Lkr. Freising), Münchsmünster (unter Tassilo bezeugt, Lkr. Pfaffenhofen a. d. Ilm), Otting (749, Lkr. Traunstein), Pfaffmünster (unter Tassilo, Lkr. Straubing-Bogen), Polling (unter Tassilo, Lkr. Weilheim/Schongau), Sandau (unter Tassilo, Lkr. Landsberg/Lech), Schäftlarn (760/764, Lkr.

München), Scharnitz (763, Klais bei Mittenwald oder Mittenwald selbst, Lkr. Garmisch-Partenkirchen), Schlehdorf (Scharnitz 764/66 hierher verlegt, Lkr. Bad Tölz-Wolfratshausen), Tegernsee (um 760 bezeugt, Lkr. Miesbach), Thierhaupten (nach später Überlieferung unter Tassilo gegründet, Lkr. Augsburg), Weltenburg (obwohl eine späte Überlieferung die Gründung um die Mitte des 7. Jahrhunderts behauptet, unter Tassilo III. entstanden, Lkr. Kelheim), Wessobrunn (752/53, später von Tassilo dotiert, Lkr. Weilheim-Schongau).

Diese noch in gekürzter Form überlange »parade de richesse« um Müstair (772/73, Kanton Graubünden, Schweiz), wenn auch mit einem großen Fragezeichen zu verlängern, scheint fast zu viel des Guten zu sein.[73] Im Wesentlichen dürfte das Seekloster Mattsee vielleicht schon 760 die Reihe der eigentlichen Tassilo-Stiftungen eröffnet, das Chiemseer Frauenwörth sie am 1. September 782 beendet haben.

DIE STIFTUNGSBRIEFE VON SCHARNITZ, INNICHEN UND KREMSMÜNSTER

Von allen diesen Klöstern sind nur drei ausführliche Gründungsurkunden erhalten geblieben, und zwar die Stiftungsbriefe für das Adelskloster Scharnitz-Schlehdorf und für die Herzogsgründungen Innichen und Kremsmünster. Diesen drei Urkunden geht zeitlich die Dotationsurkunde Odilos für Mondsee voraus, für ein Kloster, das kein Bischofssitz war und dennoch in hervorragender Weise zum kulturellen und geistigen Leben im tassilonischen Bayern beitrug.

Der Scharnitzer Stiftungsbrief war die letzte bekannte Urkunde, die Arbeo als Erzpriester der Freisinger Kirche schrieb, bevor er ihr Bischof wurde. Er verfasste sie im Auftrag von Bischof Joseph am 29. Juni, am Festtag von Peter und Paul, 763. Die Texte vermitteln eine gute Vorstellung von den Gründungsvorgängen, den Machtverhältnissen, der wirtschaftlichen Ausstattung und den Erwartungen, die in die jeweilige Gründung gesetzt wurden. In zwei der drei Fällen versammelten

Kirche des 760 (?) durch Tassilo III. gegründeten Klosters, des heutigen weltpriesterlichen Kollegiatstifts Mattsee. Der barockisierte gotische Bau erhebt sich an der Stelle der ursprünglichen Kirche.

sich der Herzog und ein beträchtlicher Teil des Populus, um den Rechtsakt in einer Einöde, *in solitudine*, zu vollziehen.

Scharnitz, in dessen Nähe der verlassene, weil nicht mehr organisierte Walchengau lag, wurde tatsächlich in einer Einöde gegründet. Das Kloster konnte in der Klause trotz seiner reichen Grundausstattung nicht überleben und wurde bereits 764/66 von Arbeo, nachdem er Bischof von Freising geworden war, ins Alpenvorland nach Schlehdorf am Kochelsee verlegt.[74]

Die Torhalle des Klosters Frauenwörth wurde zwischen 782 und 788 erbaut. Sie enthält im Chor der Michaelskapelle einen zeitgleichen, aber unvollendeten Engelzyklus.

Der adelige Gründer von Scharnitz, der im Namen seiner Familie handelte, bedurfte zwar der Zustimmung anderer bayerischer Großer, darunter seiner Nachbarn, vor allem aber der Erlaubnis Herzog Tassilos.

Mit Scharnitz zu vergleichen ist die sechs Jahre später erfolgte Gründung von Innichen. Sie wurde ebenfalls »auf einem seit langer Zeit leeren und unbewohnten Platz« vollzogen, nur dass 769 der Herzog selbst der Aussteller der Dotationsurkunde war. Diesmal benötigte Tassilo für die Stiftung des Klosters die Zustimmung seiner Großen, die zweimal in der Urkunde erwähnt werden. Der Gründungsort hieß in der romanischen Volkssprache das Eisfeld, *vulgo Campo Gelau*, eine sprechende Bezeichnung für ein wenig ausgebautes Gebiet in über 1000 Meter Seehöhe. Nicht weit westlich von Innichen befindet sich jedoch in Toblach eine Ortschaft Wahlen, das heißt, ein für Südtirol sehr seltener Walchenname. Außerdem gibt es nördlich vom benachbarten Bruneck einige ebenfalls in Südtirol völlig vereinzelte, nach Agilolfingern benannte -heim-Orte, nämlich Dietenheim (Theodo), Greinwalden (Grimoald) und Uttenheim (Uoto/Uota).

Zwischen den beiden Orten erinnert ein Tesselberg samt einem Tesselgraben an einen Tassilo. Aber auch die Siedlungstätigkeit bayerischer Großer wohl aus der Huosi-Genealogie lässt sich an einigen Ortsnamen des Raums nachweisen. Sie bezeugen einen einstigen herzoglich-bayerischen Stützpunkt im Südtiroler Romanenland an der Slawengrenze. So liefert die Tassilo-Urkunde ein gutes Beispiel dafür, dass die Bayern neben den Langobarden das einzige Volk des Karolingerreiches waren, das sowohl Slawen wie Romanen integrierte.[75] Innichen war nur zu halten, weil es zum einen westlich davon den beschriebenen herzoglich-bayerischen Stützpunkt gab, zum andern weil Herzog Tassilo 772 den letzten Karantanenaufstand niedergeworfen hatte und die Salzburger Mission der Alpenslawen fortgesetzt werden konnte. Auch lagen sowohl Scharnitz wie Innichen an alten Römerstraßen, die nicht zuletzt für die Herrschaft des Herzogs (wieder) gesichert werden sollten. An der Gründung beider Klöster wirkten vornehme Romanen mit, ob sie nun wie in Scharnitz zur Gründerfamilie zählten oder wie in Innichen die Stifterurkunde als Alizzeo und Iubeanus bezeugten. Sie sind freilich als Romanen oder, genauer, als bayerische Große mit romanischer Tradition nur an ihren Namen erkennbar.

Es war eine illustre Gesellschaft, die sich wahrscheinlich zum Patroziniumfest der Salvator-Kirche am 9. November 777 in Kremsmünster einfand, um hier die erste Gründungsphase des Klosters abzuschließen. Einige der geistlichen und weltlichen Großen hatte der Herzog rechtzeitig zur Festlegung offener Gebietsgrenzen eingesetzt. Nun bezeugten sie alle seine umfangreiche Schenkung. Angeführt wird die Zeugenliste von den Bischöfen Virgil von Salzburg, Sindbert von Regensburg sowie dem eben erst ordinierten Waltrich von Passau. Danach werden fünf Äbte genannt: Oportunus von Mondsee, Wolfbert von Niederaltaich, Atto von Scharnitz-Schlehdorf, der zur Formgebung der Urkunde beitrug, sowie die Äbte Gaozrich und Hrodhart, deren Zuordnung unsicher bleibt. Unter den sechs weltlichen Zeugen befanden sich nicht weniger als drei

Grafen. Der nicht erschienene Bischof Arbeo von Freising hatte offenkundig als seine Vertreter Abt Atto, der sein Nachfolger werden sollte, und den Freisinger Presbyter und späteren Salzburger Oberhirten Arn gesandt. Ein viel jüngerer Hinweis lässt vermuten, dass eine Synode an der bayerischen Ostgrenze abgehalten wurde, wobei man auch die Weihe Kremsmünsters vornahm. Aus den zeitgenössischen Quellen findet sich dafür jedoch keine Bestätigung. Gerade in den Jahren 776 und 777 wurden neue Anstrengungen zur Festigung der Basis im linksufrigen »Oberen (Traun)Gau« unternommen. So hat Graf Machelm fast gleichzeitig die Hochstifte Regensburg, Freising und Salzburg, vielleicht auch das Kloster Niederaltaich mit Traungauer Besitz beschenkt.

Der Bayernherzog und seine adeligen Getreuen trafen offenkundig konzertierte Vorbereitungen, um mit der Erwerbung des rechtsufrigen unteren Traungaus bis zur Enns ernst zu machen. Es wirkt eher bezeichnend als erstaunlich, dass der Herzog dazu keiner Zustimmung des Adels bedurfte. Sein Karantanensieg des Jahres 772 hatte den Weg dazu auch im Traungau geebnet, dessen Südgrenze gegenüber Karantanien nicht weiter als 30 Kilometer südlich von Kremsmünster verlief.[76] Karl der Große übernahm 791 in seiner Bestätigung für Kremsmünster den Wortlaut der tassilonischen Dotationsurkunde sehr genau, aber in einem Punkt wich der Frankenkönig von der Vorlage ab: Die keineswegs in einem unorganisierten Raum erfolgte Klostergründung sei *infra waldo nostro* geschehen, eine Feststellung, mit der Karl sein Recht auf Kremsmünster auch aufgrund des *ius (h)eremi* betonte.[77]

MONDSEE

Der Gründungsvorgang des Klosters war beim Tode Herzog Odilos am 18. Januar 748 bereits abgeschlossen. Mondsee lag im Mattiggau, der im Norden und Nordosten an den Salzburggau angrenzte. Allerdings erwarb das Kloster sehr bald Besitzungen in gut einem Dutzend bayerischer Gaue, die sich vom Gebiet südlich von Kufstein bis zur Donau und von hier bis zu den oberösterreichisch-salzburgischen Kalkalpen erstreckten.

Zur Besiedlung des Klosters Mondsee

Eine späte Klostertradition lässt den Gründungskonvent aus Monte Cassino kommen. Um den Wahrheitsgehalt der Nachricht zu erhärten, werden viele Gründe angeführt. Einiges Gewicht besitzen folgende Überlegungen: Erstens enthält die eindrucksvolle Dotationsurkunde, die Odilo für seine Stiftung ausstellte, eine Titulatur, die einer Intitulatio der beneventanischen Herzöge nachgebildet sein könnte. Dazu würde zweitens das Mondseer Michaelspatrozinium passen. Der Erzengel wurde besonders auf dem beneventanischen Monte Gargano verehrt. Nun war aber der hl. Michael bei den späten Agilolfingern allgemein sehr beliebt; auch blieb dessen Verehrung keineswegs auf ihr Einflussgebiet beschränkt. Drittens ging von allen bayerischen Äbten bloß der Mondseer Hunrich mit Bischof Arn nach Rom; ein Sachverhalt, den man mit einer besonderen Beziehung des Klosters zu Mittelitalien erklären wollte. Dagegen richtet sich die Argumentation der Paläographen und Skriptorienforscher: Noch unter Tassilo brachte Mondsee Werke der Buchkunst hervor, deren Qualität sogar Salzburg in den Schatten stellte. Das Kloster wirkte als Vorbild bei der Entwicklung einer hervorragenden Unzialschrift. Davon blieb eine Dreier-Gruppe von Manuskripten erhalten; deren ältestes war ein Mondseer Evangeliar, worauf das Salzburger Cutbercht-Evangeliar und schließlich der Codex Millenarius aus Kremsmünster folgten. Inhaltlich beruhen die drei Handschriften auf oberitalienischen Textvorlagen und nicht auf solchen der Mitte oder des Südens der Halbinsel. Aufgrund des kodikologischen Befunds wirkt die Besiedlung Mondsees durch Monte Cassino eher unwahrscheinlich. Tatsächlich verbindet Mondsee und Salzburg ein starker irischer Einfluss; das Salzburger St. Peter des hl. Virgil könnte das Mutterkloster Mondsees gewesen sein.

Darstellung des Symbols des heiligen Lukas im Codex Millenarius maior. – Evangelienhandschrift um 800, Stift Kremsmünster.

Die ältere Mondseer Mönchsliste nennt mehrere Romanen; einer von ihnen dürfte der erste Mondseer Abt Oportunus gewesen sein. Am 10. Juli 748 nennt ihn eine Urkunde als Empfänger einer tassilonischen Schenkung. Auf der Synode von Dingolfing nahm er 776/77 als Dienstältester den ersten Rang unter 13 bayerischen Äbten ein. Sein Name steht daher auch 777 in der Kremsmünsterer Gründungsurkunde allen voran. Gestorben ist Oportunus spätestens im Frühjahr 784. Der Nachfolger war Hunrich, der 784 erstmals urkundlich genannt wird, dabei gemeinsam mit Tassilo III. auftrat und sich 787 mit Bischof Arn für den Herzog in Rom bemühte.

Bald nach dem Sturz Tassilos wurde eine der berühmtesten Mondseer Handschriften, der Psalter von Montpellier, in den Westen verschleppt. Vielleicht hatte dafür 788 derjenige Bischof gesorgt, den Karl der Große beauftragte, die Herzogstochter Cotani ins westfränkische Klosterexil zu bringen.[78]

11 Unterdrückung und Wiederentdeckung der Erinnerung

849 schlossen zwei langobardische Fürsten, der Princeps von Benevent und der von Salerno, einen Teilungsvertrag, den zwei Träger des Namens Tassilo bezeugten. Andreas von Bergamo, der das Werk des langobardischen Geschichtsschreibers Paulus Diaconus bis 877 fortsetzte, hatte bei seinem Vorgänger gefunden, dass ein Tassilo (I.) König in Bayern war, und verstand auch Tassilo III. als König der Bayern.[79] Dagegen wurde der Name im karolingerzeitlichen Bayern und lange darüber hinaus nicht mehr vergeben, und als König bezeichnete man ihn erst in spätmittelalterlichen Klöstern wie Kremsmünster und Mattsee.[80]

VERGESSEN, UNTERDRÜCKEN UND ERINNERN

Verblasste somit die Erinnerung an Tassilo oder wurde sie unterdrückt? Wohl beides. Wenig nach 784 wurde der Name des Langobardenkönigs Desiderius im Ordo der verstorbenen Könige des Salzburger Verbrüderungsbuchs eingetragen. Den Namen seiner Tochter Liutpirc fügte eine Hand bald nach 788 den verstorbenen Herzögen hinzu. Auch an Tassilo erinnerte man sich noch eine Zeitlang besonders in Regensburg und Salzburg,[81] aber nach seinem Frankfurter Verzicht von 794 änderte sich das Bild. Man nannte ihn danach nur, wenn die Rechtssicherheit des alltäglichen Lebens auf dem Spiele stand: So wurde er etwa eine Generation lang bei der Verhandlung und Wiederholung von Rechtsgeschäften erwähnt. Noch um 810 verbot Karl der Große die Verjährung von Rechtsfällen aus der Zeit Tassilos und Liutpircs.[82] In zwei Freisinger Urkunden von 818 und 819 heißt es, der Schenker erneuere eine Schenkung, die seine Vorfahren schon »zu Zeiten Herzog Tassilos« vollzogen hätten.[83] Im Jahre 819 suchte der Regensburger Bischof Baturich (817–848) nach Rechtstiteln aus der Zeit Tassilos.[84] Mitunter will man auf Nummer sicher gehen und erneuert eine Schenkung aus der Zeit Tassilos ausdrücklich unter zusätzlicher Nennung der Regierungsjahre Karls des Großen.[85]

Auch konnte es unter Karls Regierung hilfreich sein, sich als vom ehemaligen Herzogspaar geschädigt darzustellen. Im Jahre 804 beklagte der Freisinger Bischof Atto, Tassilo und Liutpirc hätten Freisinger Besitz, darunter vier Kirchen, entfremdet, weil das Herzogspaar Bischof Arbeo seine Treue gegenüber Karl dem Großen und den Franken nachgetragen habe. Noch am 20. Dezember 816 verlangte und erhielt das Bistum Freising entfremdeten Besitz, der auf Betreiben der Herzogin Liutpirc unrechtmäßig an das Kloster Herrenchiemsee gegangen sei.[86]

Die Leistungen Tassilos und seines Vaters wurden dagegen zumeist unterdrückt. Wie immer man auch das Millstätter Domitianus-Fragment datiert und ergänzt, die darauf erhaltene Inschrift spricht von der Überwindung des Heidentums der einheimischen karantanischen Bevölkerung unter Kaiser Karl dem Großen.[87] Und ebenso verfuhr man in Salzburg: Im Jahre 870 legte Adalwin von Salzburg (859–873) seinem König Ludwig dem Deutschen die so wichtige »Bekehrungsgeschichte der Bayern und Karantanen« vor. Darin bewahrte der Erzbischof völliges Stillschweigen darüber, dass es Herzog Odilo war, der um 740 die Awaren besiegte und damit Karantanien gewann. Ebenso verlautet kein Wort über Tassilo III. und seinen entscheidenden Karantanensieg im Jahre 772, worauf – und nicht erst unter Karl dem Großen – der letzte heidnische Widerstand im Lande erlosch.

Eher ungewöhnlich wirkt daher die Vorgangsweise Otgars von Niederaltaich. Im April 857 bat der Abt seinen König Ludwig den Deutschen, der ihn selbst eingesetzt hatte, nicht bloß ein Immunitätsprivileg Kaiser Karls, »unseres seligen Angedenkens Großvaters«, sondern auch ein Schutzprivileg Tassilos, »des einstigen Herzogs im bayerischen Herzogtum«, zu bestätigen. Der ostfränkische König kam dem Wunsch anstandslos nach und ließ aus beiden Urkunden den Rechtsinhalt übernehmen.[88]

Nach 857 kam Tassilos Name längere Zeit weder in echten noch in falschen Herrscherurkunden vor. Erst der große Fälscher Pilgrim von Passau (971–991) zitierte beide Herzöge der Bayern, den »tüchtigen« Odilo und seinen Sohn Tassilo, die

Das Stift Kremsmünster wurde 777 gegründet. Ihr heutiges Erscheinungsbild mit dem langgestreckten Südflügel und dem Mathematischen Turm erhielt die Benediktiner-Abtei unter Einbeziehung älterer Bauteile ab der Mitte des 17. Jhs.

einen Erzbischof Vivilo von Lauriacum vor dem Barbarensturm gerettet und zum Bischof von Passau gemacht hätten. Die geschichtliche Konstruktion bildet das Kernstück der Verunechtung eines Diploms, das Arnulf von Kärnten (887–899) ausgestellt hatte.[89]

In den historiografischen Texten wurde die karolingische *leyenda negra* über den Bayernherzog unverändert fortgeschrieben. Darin folgte der große Bischof Otto von Freising (1138–1158) dem Chronisten Frutolf von Michelsberg (†1103) und seinem Fortsetzer Ekkehard von Aura (†1125). Trotzdem begannen viele hoch- und spätmittelalterliche bayerische Klöster sich zu Recht oder zu Unrecht dankbar daran zu erinnern, eine tassilonische Gründung zu sein. Im oberösterreichischen Kremsmünster, wo die positive Wertung Tassilos am Beginn des 14. Jahrhunderts nachzuweisen ist, und im Chiemseer Frauenwörth wird sein gut überlieferter Todestag am 11. Dezember bis heute feierlich begangen.

TASSILOS NACHLEBEN

Christian Lohmer verfasste eine sehr gute Darstellung des Nachlebens Tassilos im Mittelalter und in der Neuzeit, die bis zu den Ansätzen seiner Rehabilitierung reicht: So zählte Jean Mabillon (1632–1707), der Begründer der historischen Hilfswissenschaften, Tassilo »zu den Seligen, ja Heiligen des Benediktinerordens«. Um 1700 entstand in Mattsee das große Ölgemälde »Herzog Tassilos Sturz« von Johann Friedrich Pereth oder seiner Schule, und kein Geringerer als Bartolomeo Altomonte schuf 1764 »Die Auffindung des toten Gunther« für Kremsmünster, »das heutige Zentrum der Tassilo-Memoria«. Aber auch die nahrhafte Volksfrömmigkeit kam nicht zu kurz: »... am Jahrtag (11. Dezember) des seligen Stifters Tassilo ... werden in jetziger Zeit ... 3000 Laibl (Brot gebacken), dazu gibt man 500 Käs und Schweinefleisch, dann gibt man der Priesterschaft Speise und Trank und anderes, was notwendig. Vor 100 oder 200 Jahren ist nicht der 4. oder 5. Teil soviel aufgegangen wie jetzt«, schrieb Maria Magdalena Haidenbacher († 1650), Äbtissin des Klosters Frauenchiemsee.[90] Dennoch blieb selbst für die wissenschaftliche Geschichtsschreibung Tassilo der »kleine Geist«, »Treubrüchige und Verräter« oder »talentlose Politiker«.[91]

Erst nach 1945 entwickelte die Geschichtswissenschaft ein wesentlich positiveres Bild von Tassilo und seinem fürstlichen Herzogtum. Wahrscheinlich bedingte diese Wende die Einsicht in die »Soziale und geistige Problematik eines Großreiches«, wie der Untertitel von Heinrich Fichtenaus 1949 erschienenem Buch »Das karolingische Imperium« lautet. Durch derartige Darstellungen wurden die Voraussetzungen geschaffen, dass auch die mediale Öffentlichkeit ein positives Interesse an der Gestalt und dem Schicksal des Agilolfingers gewann.[92] Trotzdem ist Tassilos Bild in der Geschichte auf weite Strecken hin ein Musterbeispiel dafür, dass der Sieger in der Erinnerung Recht behält und der Besiegte eben Unrecht hatte, und zwar aus keinem anderen Grund als aus dem, dass er seine Niederlage einige Zeit lang tapfer verhinderte. Nur zu leicht wird dabei vergessen, dass Tassilo seinem Vetter Karl auf nicht weni-

In der Guntherkapelle (im ehemaligen Läuthaus) der Stiftskirche von Kremsmünster befindet sich das Hochgrab von Gunther, einem legendären, auf der Jagd verunglückten Sohn Tassilos III. Die um 1300 gefertigte Deckplatte trägt seine Figur mit Hund und Eber.

gen Gebieten voraus war: Er besaß ein verbrieftes Recht auf sein Herzogtum Bayern, während Karls fränkisches Königtum jung und keineswegs gesichert war. Er wurde vor dem Frankenkönig mit dem Heidensieger Konstantin und vielleicht auch mit dem Prophetenkönig David verglichen. Er übte ein Kirchenregiment in einer Weise aus, die Karl, wenn auch in größerem Umfang, erst nach ihm erreichte. Er verbot vor Karl den Verkauf von Unfreien ins Ausland und führte vor den Karolingern den Zehent ein, erwirkte vor Karl die Salbung eines Sohnes durch den Papst in Rom, besaß in der alten Römerfestung Regensburg eine ererbte Residenz, noch bevor sich Karl in Aachen niederließ, und erhielt womöglich bereits vor dem großen Frankenherrscher eine – wenn es sie tatsächlich gab, freilich längst verschollene – Lebensbeschreibung.

Vor allem aber verlieh Tassilo seinem Bayern eine derart starke und dauerhafte Ordnung, dass Land und Leute von seinem eigenen und dem Untergang seiner Familie nicht mehr beschädigt werden konnten. Dass er dies beispielhaft gegen eine expansive, ja aggressive Großmacht durchsetzte, sollte ihm die Nachwelt nicht bloß in Bayern danken.

Stammtafel der Agilolfinger (GuR 85)

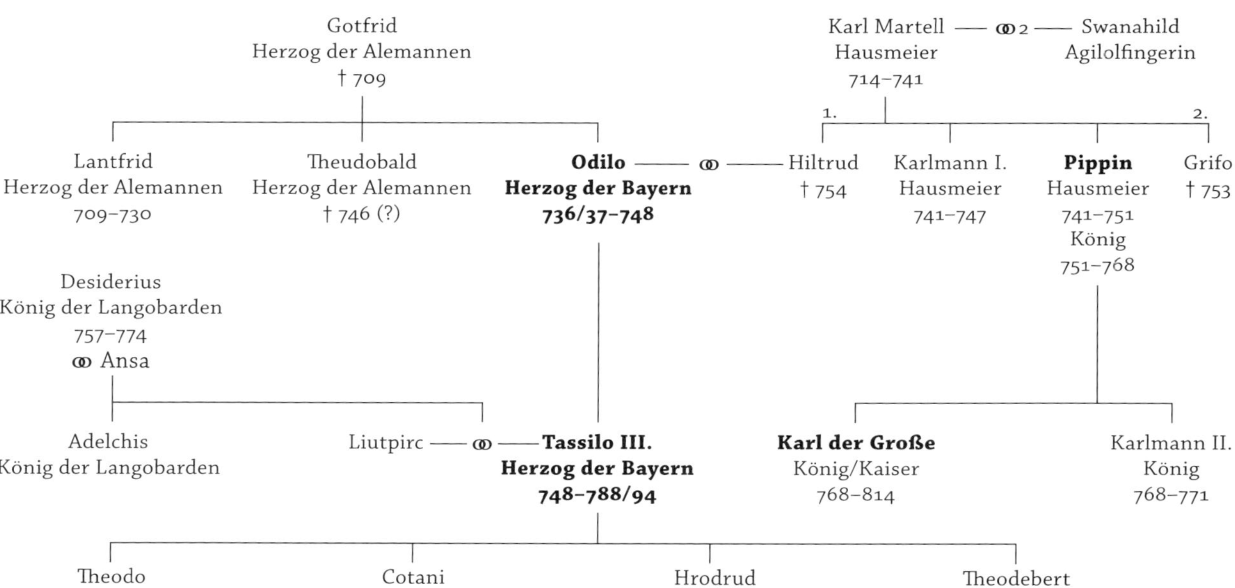

Literaturverzeichnis

Um die Lesbarkeit des Textes zu erhöhen, wurde die Zahl der Fußnoten beschränkt. Als weiterführende Lektüre empfiehlt sich daher die Verwendung allgemeiner Darstellungen, wie etwa Berg, Bischöfe, Dopsch, Geschichte Salzburgs, Esders, Dukate, Freund, Von den Agilolfingern (mit Literaturangaben, darunter die Arbeiten von Gertrud Diepolder), Handbuch der bayerischen Geschichte 1, Haubrichs, Baiern, Jahn, Ducatus, Pohl, Awaren, Schieffer, Karolinger, Störmer, Früher Adel, Wolfram, Fürstentum Tassilos, ders., Grenzen und Räume, und ders., Salzburg, Bayern, Österreich (siehe unten).

Stuart AIRLIE, Narratives of Triumph and Rituals of Submission: Charlemagne's Mastering of Bavaria, in: Transactions of the Royal Historical Society VI 9 (London 1999) 93–119.

Die Anfänge Bayerns. Von Raetien und Noricum zur frühmittelalterlichen Baiovaria (Hgg. Hubert Fehr/Irmtraut Heitmeier, Bayerische Landesgeschichte und europäische Regionalgeschichte 1, St. Ottilien 2012).

Erzbischof Arn von Salzburg (Hgg. Meta Niederkorn-Bruck/Anton Scharer, Veröffentlichungen des Instituts für Österreichische Geschichtsforschung 40, Wien 2004).

Hartmut ATSMA, Die schriftlichen Quellen zur Geschichte der Chiemsee-Klöster bis zur Errichtung des Augustiner-Chorherrenstiftes auf der Herreninsel, in: Bericht über die Ausgrabungen und Bauuntersuchungen in der Abtei Frauen-Wörth auf der Fraueninsel im Chiemsee 1961–1964 (Hg. Vladimir Milojčić, Abhandlungen der Bayerischen Akademie der Wissenschaften, NF 65A, München 1966) 43–57.

Matthias BECHER, Eid und Herrschaft: Untersuchungen zum Herrscherethos Karls des Großen (Vorträge und Forschungen, Sonderband. 39, Sigmaringen 1993).

Ders., Neue Überlegungen zum Geburtsdatum Karls des Großen. Francia 19 (München 1992) 37–60.

Heinrich BERG, Bischöfe und Bischofssitze im Ostalpen- und Donauraum vom 4. bis zum 8. Jahrhundert. Die Bayern und ihre Nachbarn 1 (Hgg. Herwig Wolfram/Andreas Schwarcz, Denkschriften der Österreichischen Akademie der Wissenschaften, philosophisch-historische Klasse 179, Wien 1985) 61–108.

Ders., Quellenkundliche und prosopographische Studien zur Kirchengeschichte des österreichischen Raums im Frühmittelalter (Masch. phil. Diss., Wien 1986).

Bernhard BISCHOFF, Die südostdeutschen Schreibschulen und Bibliotheken der Karolingerzeit 1: Die bayrischen Diözesen (Wiesbaden [3]1974) und 2: Die vorwiegend österreichischen Diözesen (Wiesbaden 1980).

Ders., Salzburger Formelbücher und Briefe aus Tassilonischer und Karolingischer Zeit (Sb. Bayer. AW Heft 4, 1973).

Warren BROWN, Unjust Seizure: Conflict, Interest, and Authority in an Early Medieval Society (Cornell University Press, 2001).

Karl BRUNNER, Nachgrabungen. Sachkultur und Kontinuitätsfragen am Beispiel der bayerischen Quellen des Frühmittelalters. Typen der Ethnogenese unter besonderer Berücksichtigung der Bayern 1 (Hgg. Herwig Wolfram/ Walter Pohl, Denkschriften der Österreichischen Akademie der Wissenschaften, philosophisch-historische Klasse 201, Wien 1990) 173–180.

DB = Joachim JAHN, Ducatus Baiuvariorum.

Roman DEUTINGER, Das Zeitalter der Agilolfinger, in: Handbuch der bayerischen Geschichte. Das alte Bayern. 1. Teil: Von der Vorgeschichte bis zum Hochmittelalter (Hg. Alois Schmid, Handbuch der bayerischen Geschichte 1/1, München 2017) 124–212.

Maximilian DIESENBERGER, Predigt und Politik im frühmittelalterlichen Bayern. Arn von Salzburg, Karl der Große und die Salzburger Sermones-Sammlung (Millennium-Studien zur Kultur und Geschichte des ersten Jahrtausends n. Chr. 58, Berlin/Boston 2016).

Ders., Repertoires and Strategies in Bavaria: Hagiography, in: Strategies of Identification. Ethnicity and Religion in Early Medieval Europe (Hgg. Walter Pohl/Gerda Heydemann, Cultural Encounters in late Antiquity and the Middle Ages 13, Turnhout 2013) 209–232.

Ders., Könige und Herzöge im Salzburger Verbrüderungsbuch um 800, in: Libri vitae. Gebetsgedenken in der Gesellschaft des Frühen Mittelalters (Hgg. Dieter Geuenich/Uwe Ludwig, Köln/Weimar/Wien 2012) 329–341.

Ders., Dissidente Stimmen zum Sturz Tassilos III., in: Texts and Identities in the Early Middle Ages (Hgg. Richard Corradini/Rob Meens/Christina Pössel/Philip Shaw, Forschungen zur Geschichte des Mittelalters 12, Wien 2006) 105–120.

Ders., Emmeram zwischen Regensburg, Bayern und Europa. Die Rezeption des Heiligen unter den Agilolfingern und den frühen Karolingern, in: St. Emmeram: Liturgie und Musik vom Mittelalter bis zur frühen Neuzeit (Hgg. Harald Buchinger/David Hiley/Katelijne Schiltz, Regensburg 2023) 11–38.

Heinz DOPSCH, Der Kärntner Fürstenstein im Spiegel der mittelalterlichen Schriftquellen, in: Sabine Nikolay, Kärntner Fürstenstein 215–260.

Stefan EICHERT, Frühmittelalterliche Strukturen im Ostalpenraum. Studien zur Geschichte und Archäologie Karantaniens. Aus Forschung und Kunst 39 (Klagenfurt 2012).

Stefan ESDERS, Spätantike und frühmittelalterliche Dukate. Überlegungen zum Problem historischer Kontinuität und Diskontinuität, in: Die Anfänge Bayerns 425–462.

Karl FORSTNER, Das Verbrüderungsbuch von St. Peter in Salzburg (Codices selecti 51, Graz 1974).

Stephan FREUND, Von den Agilolfingern zu den Karolingern. Bayerns Bischöfe zwischen Kirchenorganisation, Reichsintegration und karolingischer Reform (700–847) (Schriften zur bayerischen Landesgeschichte 144, München 2004).

Clemens GANTNER, Freunde Roms und Völker der Finsternis. Die päpstliche Konstruktion von Anderen im 8. und 9. Jahrhundert (Wien 2014).

GS = Herwig WOLFRAM, Gotische Studien.

GuR = Herwig WOLFRAM, Grenzen und Räume (siehe Österreichische Geschichte Nr. 2).

Carl I. HAMMER, From Ducatus to Regnum: Ruling Bavaria under the Merovingians and early Carolingians (Turnhout 2007).

Handbuch der bayerischen Geschichte 1 (Hg. Max Spindler, München [2]1981).

Wolfgang HAUBRICHS, Baiern, Romanen und andere, in: Zeitschrift für bayerische Landesgeschichte 69 (München 2006) 395–465.

Ludwig HOLZFURTNER, Gründung und Gründungsüberlieferung. Quellenkundliche Studien zur Gründungsgeschichte der bayerischen Klöster der Agilolfingerzeit und ihrer hochmittelalterlichen Überlieferung (Münchener Historische Studien, Abteilung bayerische Geschichte 11, Kallmünz 1984).

Thomas HOLZNER, Die Decreta Tassilonis. Regelungsgehalt, Verhältnis zur Lex Baiuvariorum und politische Implikationen (Schriften zur Rechtsgeschichte 145, Berlin 2010).

Joachim JAHN, Ducatus Baiuvariorum. Das bairische Herzogtum der Agilolfinger (Monographien zur Geschichte des Mittelalters 35, Stuttgart 1991).

Jörg JARNUT, Agilolfingerstudien (Monographien zur Geschichte des Mittelalters 32, Stuttgart 1986).

Kurt KARPF, Heiliger Nonnosus, heiliger Tiburtius, bittet für uns! Die Bedeutung Molzbichls und seiner Heiligen. Der heilige Nonnosus von Molzbichl 145–172.

Ders., Das Kloster Molzbichl – Ein Missionszentrum des 8. Jahrhunderts in Karantanien. Carinthia I 179 (Klagenfurt 1989) 125–140.

Brigitte KASTEN, Das Lehnswesen – Fakt oder Fiktion?, in: Der frühmittelalterliche Staat – europäische Perspektiven (Hgg. Walter Pohl/Veronika Wieser, in: Forschungen zur Geschichte des Mittelalters 16, Wien 2009) 331–356.

Katalog der Landesausstellung »St. Peter in Salzburg« (Hgg. Heinz Dopsch/Roswitha Juffinger, Salzburg [2]1982).

Katalog der Ausstellung »Die Bajuwaren« in Rosenheim/Mattsee (Hgg. Hermann Dannheimer/Heinz Dopsch, München/Salzburg 1988).

Harald KRAHWINKLER/Herwig WOLFRAM, Der Alpen-Adria-Raum im Frühmittelalter. Alpen-Adria. Zur Geschichte einer Region (Hg. Andreas Moritsch, Klagenfurt/Laibach/Wien 2001) 89–122.

Christian LOHMER, Mythos Tassilo. Das Nachleben der Bayernherzöge in Mittelalter und Neuzeit, in: Tassilo III. von Bayern 191–210.

Janet L. NELSON, The settings of the gift in the reign of Charlemagne, in: The Languages of Gift in the Early Middle Ages (Hgg. Wendy Davies/Paul Fouracre, Cambridge University Press 2010) 116–148.

Sabine NIKOLAY, Der Kärntner Fürstenstein im Bild. Darstellungen eines europäischen Rechtsdenkmales (Klagenfurt/Laibach 2010).

Der heilige Nonnosus von Molzbichl (Hg. Karl Amon, redigiert Karl Heinz Frankl/Peter G. Tropper, Das Kärntner Landesarchiv 27, Klagenfurt 2001) 145–172.

Österreichische Geschichte (Hg. Herwig Wolfram, 15 Bde, Wien 1994–2006):

(1) Verena GASSNER/Sonja JILEK/Sabine LADSTÄTTER, Am Rande des Reiches. Die Römer in Österreich. 15 v. Chr. –378 n. Chr. (Wien 2002, ²2003).

(2) Herwig WOLFRAM, Grenzen und Räume. Geschichte Österreichs vor seiner Entstehung. 378–907 (Wien 1995, ²2003).

3) Roman SANDGRUBER, Ökonomie und Politik. Österreichische Wirtschaftsgeschichte vom Mittelalter bis zur Gegenwart (Wien 1995, ²2005).

Walter POHL, Die Awaren. Ein Steppenvolk in Mitteleuropa 567–822 n. Chr. (München 1988, ³2015).

Ders., The Avars. A Steppe Empire in Central Europe. 567–822 (Cornell University 2018), mit Verbessrungen gegenüber „Pohl, Die Awaren".

Ders., Werkstätte der Erinnerung. Montecassino und die Gestaltung der langobardischen Vergangenheit (Mitteilungen des Instituts für Österreichische Geschichtsforschung, Erg. Bd. 39, Wien 2001).

Ingo REIFFENSTEIN, Die althochdeutsche Literatur. Handbuch der bayerischen Geschichte 1 (München ²1981) 607–623.

Helmut REIMITZ, History, Frankish Identity and the Framing of Western Ethnicity, 550–850 (Cambridge Studies in Medieval Life and Thought, 4th series, Cambridge University Press 2015).

Ders., When the Bavarians Became Bavarian. The Politicization of Ethnicity and Crystallization of Ethnic Identities in the Shadow of Carolingian Rule (8th to 9th Century), in: Emerging Powers in Eurasian Comparison, 200–1100: Shadows of Empire (Hgg. Walter Pohl/Veronika Wieser, Leiden 2022) 137–178.

Kurt REINDEL, Das Zeitalter der Agilolfinger. Politische Entwicklung, in: Handbuch der bayerischen Geschichte 1, 101–176.

Arno RETTNER, Von Regensburg nach Augsburg und zurück. Zur Frage des Herrschaftsmittelpunktes im frühmittelalterlichen Bayern (Hgg. Guido Heining/Barbara Scholkmann/Matthias Untermann, Centre, Region, Periphery 1, Hertingen 2002) 538–545.

Sigmund RIEZLER, Ein verlorenes bairisches Geschichtswerk des 8. Jahrhunderts, in: Sitzungsberichte der Philosophisch-Historischen Klasse der Akademie der Wissenschaften zu München I 3 (München 1881) 247–291.

Rudolf SCHIEFFER, Die Karolinger. UTB 411 (Stuttgart 1992, ⁴2006).

Peter SCHMID (Hg.), Geschichte der Stadt Regensburg (Regensburg 2000).

Percy Ernst SCHRAMM (Hg.), Herrschaftszeichen und Staatssymbolik (Schriften der MGH 13,1–3, Stuttgart 1954/56).

Hans Karl SCHULZE, Die Grafschaftsverfassung der Karolingerzeit in den Gebieten östlich des Rheins (Schriften zur Verfassungsgeschichte 19, Berlin 1973).

Harald SIEMS, Lex Baiuvariorum, in: Reallexikon der Germanischen Altertumskunde 18 (Berlin etc. ²2001) 305–315.

Jochen SPLETT, Abrogans-Studien (Wiesbaden 1976).
Ders., Arbeo von Freising, der deutsche Abrogans und die bairisch-langobardischen Beziehungen im 8. Jahrhundert, in: Nationes 6 (Sigmaringen 1987) 105–123.
Peter ŠTIH, The Middle Ages between the Eastern Alps and the Northern Adriatic. Select Papers on Slovene Historiography and Medieval History (Leiden/Boston 2010).
Wilhelm STÖRMER, Früher Adel. Studien zur politischen Führungsschicht im fränkisch-deutschen Reich vom 8. bis 11. Jahrhundert (Monographien zur Geschichte des Mittelalters 6, 1 und 2, Stuttgart 1973).
Ders., Beobachtungen zur historisch-geographischen Lage der ältesten bayerischen Klöster und ihres Besitzers, in: Frühes Mönchtum in Salzburg. (Salzburg Diskussionen 4, 1983) 109–123.
Ders., Die bairischen Klöster der Agilolfingerzeit, in: Katalog der Ausstellung »Die Bajuwaren« in Rosenheim/Mattsee 453–457.
Tassilo III. von Bayern (Hgg. Lothar Kolmer/Christian Rohr, Regensburg 2005).
Virgil von Salzburg. Missionar und Gelehrter (Hgg. Heinz Dopsch/Roswitha Juffinger, Salzburg 1985).
Lothar VOGEL, Vom Werden eines Heiligen. Eine Untersuchung der Vita Corbiniani des Bischofs Arbeo von Freising (Arbeiten zur Kirchengeschichte 77, Berlin/New York 2000).
Peter WIESINGER, Probleme der bairischen Frühzeit in Niederösterreich aus namenkundlicher Sicht, in: Die Bayern und ihre Nachbarn 1 (Hgg. Herwig Wolfram/Andreas Schwarcz, Denkschriften der Österreichischen Akademie der Wissenschaften, philosophisch–historische Klasse 179, Wien 1985) 321–367.
Herwig WOLFRAM, Die bayerische Carta als diplomatisch–historische Quelle, in: Die Privaturkunden der Karolingerzeit (Hgg. Peter Erhart/Karl Heidecker/Bernhard Zeller, Dietikon–Zürich 2009) 144–160.
Ders., Expansion und Integration. Rätien und andere Randgebiete des Karolingerreichs im Vergleich. Wandel und Konstanz zwischen Bodensee und Lombardei zur Zeit Karls des Großen, in: Kloster St. Johann in Müstair und Churrätien (Hgg. Hans Rudolf Sennhauser u. a., Acta Müstair, Kloster St. Johann 3, Zürich 2013) 251–260.
Ders., Das Fürstentum Tassilos III., Herzogs der Bayern, in: Mitteilungen der Gesellschaft für Salzburger Landeskunde 108 (Salzburg 1968) 157–179.
Ders., Die Goten. Von den Anfängen bis zur Mitte des sechsten Jahrhunderts. Entwurf einer historischen Ethnographie (München ³1990 oder Nachdruck, ⁴⁻⁵2001/09).
Ders., Intitulatio I. Lateinische Königs– und Fürstentitel bis zum Ende des 8. Jahrhunderts (Mitteilungen des Instituts für Österreichische Geschichtsforschung, Erg. Bd. 21, 1967).
Ders., Die frühmittelalterliche Romania im Donau- und Ostalpenraum, in: Forschungen zur Geschichte des Mittelalters (im Druck).

Ders., Salzburg, Bayern, Österreich (Mitteilungen des Instituts für Österreichische Geschichtsforschung, Erg. Bd. 31, 1995).
Ders., Gotische Studien. Volk und Herrschaft im frühen Mittelalter (München 2005).
WS = Herwig WOLFRAM, Salzburg, Bayern, Österreich.
Ian WOOD, The Missionary Life. Saints and the Evangelisation of Europe 400–1050 (Harlow 2001).
Erich ZÖLLNER, Die Gründung von Innichen, in: Zur Geschichte der Bayern (Wege der Forschung 60, Darmstadt 1965) 135–171.
Ders., Awarisches Namensgut in Bayern und Österreich, in: Mitteilungen des Instituts für Österreichische Geschichtsforschung 58 (Wien 1950) 244–266.

Quellenverzeichnis

Andreas von Bergamo, Historia (Hgg. Ludwig Bethmann/Georg Waitz, MGH Scriptores rerum Langobardicarum, Hannover 1878, Nachdruck 1988, 220–230).
Annales Alamannici (Hg. Georg Heinrich Pertz, MGH SS 1, Hannover 1826, Nachdruck 1976) 22–60 oder (Hg. Walter Lendi, Untersuchungen zur frühalemannischen Annalistik. Scrinium Friburgense 1, Freiburg 1971) 146–192.
Annales Iuvavenses maximi und Continuationes (Hg. Harry Bresslau, MGH Scriptores 30, 2, Leipzig 1934, Nachdruck 1976, 727–744).
Annales Laureshamenses (Hg. Georg Heinrich Pertz, MGH Scriptores 1, Hannover 1826, Nachdruck 1976, 19–39).
ArF = Annales regni Francorum (Hg. Friedrich Kurze, MGH SS rerum Germanicarum, Hannover 1895, Nachdruck 1950) oder (Hg. Reinhold Rau, Ausgewählte Quellen zur deutschen Geschichte des Mittelalters 5, Darmstadt 1968, 1–155).
Arbeo von Freising, Vita Corbiniani (Hg. Bruno Krusch, MGH SS rerum Germanicarum, Hannover 1920, 100–234) oder (Hg. Bruno Krusch, MGH SS rerum Merovingicarum 6, Hannover/Leipzig 1913, 560-593) oder Bischof Arbeo von Freising, Vita Corbiniani – Das Leben des heiligen Korbinian (Hg. und übersetzt Franz Brunhölzl, in: Hubert Glaser/Franz Brunhölzl/Sigmund Benker, Vita Corbiniani. Bischof Arbeo von Freising und die Lebensgeschichte des hl. Korbinian, München/Zürich 1983, 84–159).
Arbeo von Freising, Vita Haimhrammi episcopi (Hg. Bruno Krusch, MGH Scriptores rerum Germanicarum, Hannover 1920, 1–99) oder (Hg. und übersetzt Bernhard Bischoff, Arbeo: Vita et passio sancti Haimhrammi martyris. Leben und Leiden des hl. Emmeram, München 1953, Regensburg [2]1993).

BA = Breves Notitiae (Hg. Fritz Lošek, Quellen zur Salzburger Frühgeschichte 9–178), oder (Hg. Fritz Lošek, Notitia Arnonis und Breves Notitiae. Mitteilungen der Gesellschaft für Salzburger Landeskunde 130, Salzburg 1990, 5–192), oder (Hg. Willibald Hauthaler/Franz Martin, Salzburger Urkundenbuch 2, Salzburg 1916, Anhang 1–23).

Bernardus Noricus (recte Berchtold von Kremsmünster), Liber de origine et ruina monasterii Cremifanensis (Hg. Georg Waitz, MGH Scriptores 25, Hannover 1880, Nachdruck, 638–651).

Capitulare Baiwaricum. Capitularia n.69; 1, 158–159.

Capitularia regum Francorum (Hg. Alfred Boretius/Victor Krause, MGH Capitularia regum Francorum 1 und 2, Hannover 1883/1897, Nachdruck Stuttgart 1984).

Chronicon Salernitanum (Hg. Georg Heinrich Pertz, MGH Scriptores 3, Hannover 1839, Nachdruck, 467–561).

Concilia aevi Karolini I. 742-817 (Hg. Albert Werminghoff, MGH Concilia 2, 1/1, Hannover/Leipzig 1906, Nachdruck Stuttgart 1997).

Concilium Ascheimense. Concilia aevi Karolini I. n. 10; 2, 1/1, 56–58.

Concilium Dingolfingense. Concilia aevi Karolini I. n. 15; 2, 1/1, 93–97.

Concilium Francofurtense a. 794. Concilia aevi Karolini I. n. 19; 2, 1/1, 110–171.

Concilium Neuchingense. Concilia aevi Karolini I. n. 16; 2, 1/1, 98–105.

Conversio Bagoariorum et Carantanorum (Hg. und übersetzt Fritz Lošek, MGH Studien und Texte 15, Hannover 1997, 1–135).

Conversio (ed. Wolfram) = Conversio Bagoariorum et Carantanorum. Das Weißbuch der Salzburger Kirche über die erfolgreiche Mission in Karantanien und Pannonien. Hg., übersetzt, kommentiert und um die Epistola Theotmari wie um Gesammelte Schriften zum Thema ergänzt. Zweite und dritte, gründlich überarbeitete Auflage von Herwig Wolfram (Ljubljana/Laibach 2012/13).

DD. Arnolf = MGH Diplomata regum Germaniae ex stirpe Karolinorum 3. Die Urkunden Arnolfs (Hg. Paul Kehr, Berlin 1940, Nachdruck 1988).

DD. LD = MGH Diplomata regum Germaniae ex stirpe Karolinorum 1. Die Urkunden Ludwigs des Deutschen, Karlmanns und Ludwigs des Jüngeren (Hg. Paul Kehr, Berlin 1932/34, Nachdruck 1980).

DD. Kar. I. = MGH Diplomata Karolinorum 1. Die Urkunden Pippins, Karlmanns und Karls des Großen (Hg. Engelbert Mühlbacher, Hannover 1906, Nachdruck 1991).

DD. Ko. I. = Die Urkunden Konrads I., Heinrichs I. und Ottos I. (Hg. Theodor Sickel, MGH Diplomata regum et imperatorum Germaniae 1, Hannover 1879/84, Nachdruck München 1997)

Einhard, Vita Karoli Magni (Hg. Oswald Holder-Egger, MGH SS rerum Germanicarum, Hannover ^{6}1911 und Nachdrucke) oder (Hg. Reinhold Rau, Ausgewählte Quellen zur deutschen Geschichte des Mittelalters 5, Darmstadt 1968, 157–211).

Ekkehard von Aura, Chronica (Hgg. Franz-Josef Schmale/Irene Schmale-Ott, Frutolfi et Ekkehardi Chronica necnon Anonymi Chronica imperatorum,

Ausgewählte Quellen zur deutschen Geschichte des Mittelalters 15, Darmstadt 1972).

Fragmentum Chesnii (Hg. Georg Heinrich Pertz, MGH Scriptores 1, Hannover 1826, Nachdrucke, 33f.).

Fredegar, Chronicae (Hg. Bruno Krusch, MGH Scriptores rerum Merovingicarum 2, Hannover 1888, Nachdruck 1984, 1–193).

Frutolf siehe Ekkehard.

Gesta s. Hrodberti confessoris (Hg. Wilhelm Levison, MGH Scriptores rerum Merovingicarum 6, Hannover/Leipzig 1913, Nachdruck 1997, 157–162).

Althochdeutsche Glossen (Hg. Elias Steinmeyer/Eduard Sievers 1, Berlin 1979, Nachdruck Zürich/Dublin 1968).

Helmold von Bosau, Cronica Slavorum (Hg. Bernhard Schmeidler, MGH Scriptores rerum Germanicarum, Hannover 1937).

Isidor von Sevilla, Etymologiae 1–2 (Hg. W. M. Lindsay, Oxford 1911).

LB = Lex Baiwariorum (Hg. Ernst von Schwind, MGH Leges nationum Germanicarum 5, 2, Hannover 1926, Nachdruck 1997).

NA = Notitia Arnonis siehe Breves Notitiae.

Notitia de pacto fraternitatis episcoporum et abbatum Bawaricorum. Concilia aevi Karolini I. n. 15B; 2, 1/1, 96f.

Otto von Freising, Chronica sive Historia de duabus civitatibus (Hg. Adolf Hofmeister, MGH Scriptores rerum Germanicarum, Hannover/Leipzig 1912, Nachdruck Hannover 1984).

Paulus Diaconus, Historia Langobardorum (Hgg. Ludwig Bethmann/Georg Waitz, MGH Scriptores rerum Langobardicarum, Hannover 1878, Nachdruck 1988, 12–187).

Quellen zur Salzburger Frühgeschichte (Hg. Herwig Wolfram, Veröffentlichungen des Instituts für Österreichische Geschichtsforschung 44, Wien 2007 = Mitteilungen der Gesellschaft für Salzburger Landeskunde, Erg. Bd. 22, Salzburg 2007).

TF = Die Traditionen des Hochstiftes Freising 1 und 2 (Hg. Theodor Bitterauf, Quellen und Erörterungen zur bayerischen Geschichte NF 4 und 5, München 1905/1909, Nachdruck Aalen 1967).

TM = Traditionen Mondsee – Das älteste Traditionsbuch des Klosters Mondsee (Hgg. Gebhard Rath/Erich Reiter, Forschungen zur Geschichte Oberösterreichs 16, Linz 1989).

TP = Die Traditionen des Hochstiftes Passau (Hg. Max Heuwieser, Quellen und Erörterungen zur bayerischen Geschichte NF 6, München 1930).

TR = Die Traditionen des Hochstifts Regensburg und des Klosters St. Emmeram (Hg. Josef Widemann, Quellen und Erörterungen zur bayerischen Geschichte NF 8, München 1943).

Das Verbrüderungsbuch der Abtei Reichenau (Hgg. Johanne Autenrieth/Dieter Geuenich/Karl Schmid, MGH Libri memoriales et Necrologia Nova Series 1, Hannover 1979).

P. Vergilius Maro, Aeneis (Hg. R. A. B. Mynors, Oxford 1969, ND).

Anmerkungen

1 Fredegar, Chronicae IV 52 und 87; S. 146 und 164.

2 Becher, Geburtsdatum 43f., nach Einhard, Vita Karoli c. 4, S. 6f. Schieffer, Karolinger 69.

3 DB 301. Störmer, Adel 2, 496.

4 Vgl. Notitia de pacto fraternitatis S. 97 (Verpflichtungen der Gebetsbrüder). DB 90 und 286.

5 Dazu und zum Folgenden siehe GuR 71–75.

6 Reimitz, History bes. 309–314, 315–328, 335–375. Wood, Missionary Life 145–167, bes. 157.

7 WS 356 zur Problematik des Begriffs »Gründungsurkunde«. Wolfram, Cartae 145–148.

8 DD. Kar. I. 162; S. 219f. (Chiemsee), 168; S. 226 (Salzburg) und 169; S. 226f. (Kremsmünster).

9 Wolfram, Intitulatio I. 113f. Dazu und zum Folgenden siehe WS 337–344 und 356–379 sowie GuR 84–93.

10 DB 90 und 286.

11 Conversio (ed. Wolfram) 119f.

12 TM 31; S. 130f., und 123; S. 227f. WS 257.

13 Vgl. BA 11, 1–3, mit NA 5, 6f., und 6, 2.

14 TF 34; 1, 61f. (Innichen) und 35; 1, 63 (Moosen).

15 DB 373 mit Anm. 150.

16 Vgl. TF 17; 1, 44f., mit TF 19; 1, 46–48.

17 WS 272–274 und GuR 120f.

18 Gantner, Freunde Roms 182–185.

19 Wolfram, Expansion und Integration 251–260.

20 Diesenberger, Dissidente Stimmen 111f., zu Fragmentum Chesnii a. 787. Zum Ahnenstab siehe auch Wolfram, Fürstentum 170.

21 Glossen, 1, 172, 23, zu *Italia*. GS 251f.

22 Forstner, Verbrüderungsbuch 7 Bb 6f. (Corbie). Diesenberger, Dissidente Stimmen 105–120, bes. 108–110 (Corbie), und Diesenberger, Könige und Herzöge 336f., DB 543 und Reindel, Zeitalter 176, wo aber Soissons gegen Laon auszutauschen ist.

23 Siehe Diesenberger (wie Anm. 20) und etwa die Datierung von TP 18; S. 17, die mit dem Satz endet: *in primo anno quando acquisivit* (sc. *Carolus*) *gentem Baiuuariorum.*

24 TF 125; 1, 135f., und TP 15–17; S. 13–15.

25 DB 216f.

26 Haubrichs, Baiern 400 (Scheyern).

27 Haubrichs, Baiern 415.

28 GuR 98–102, 295–300 und 334. WS 251.

29 WS 48.

30 WS 44f. und GuR 81.

31 Helmold, Cronica Slavorum I 1; S. 6f.

32 Conversio (ed. Wolfram) 26f. und 28–33.

33 Zu TF 34; 1, 61f., siehe Zöllner, Innichen 135–171, WS 42 Anm. 161 und 77 mit Anm. 53 sowie GuR 126f.

34 Krahwinkler/Wolfram, Alpen-Adria-Raum 113.

35 Arbeo, Vita Haimhrammi c. 6 (ed. Bischoff) 15. Dazu und zum Folgenden siehe GuR 329–370.

36 Diese Frage stellt sich bereits Brunner, Nachgrabungen 173–180.

37 Als Goldaron erstmals bezeugt in D. Ko. I. 31; S. 29, von erschlossen 916.

38 Sandgruber, Ökonomie 17.

39 LB II 9; S. 304.

40 Conversio (ed. Wolfram) 117f.

41 GuR 344–347.

42 Siehe etwa TM 123; S. 228: *et partibus duci conponat argento pondua X, auri libras V.*

43 DB 561. Esders, Dukate 438–450. Rettner, Von Regensburg nach Augsburg 538–545.

44 Haubrichs, Baiern 409–411.

45 LB II 9; S. 305.

46 WS 167 nach Isidor, Etymologiae XI 3, 21.

47 Siehe Conversio (ed. Wolfram) 181 und GS 52 zu Glossen 1, 172, 29: *domini dei – truhtines cotes.*

48 Diesenberger, Dissidente Stimmen 113.

49 Zumindest die Gründung von Otting am Waginger See erfolgte 749 und daher vor Pippins Königserhebung von Ende 751. Die im letzten Jahrzehnt des 8. Jahrhunderts entstandenen Salzburger Güterverzeichnisse, die die Gründungsgeschichte überliefern, teilen Pippin jedoch schon vor 751 allgemein den Königstitel zu.
50 TF 35; 1, 63, ca. 769 (*coram....vernaculis meis*). WS 129.
51 DB 322f.
52 WS 147–151.
53 TF 860; 1, 861.
54 Wolfram, Romania mit Anm. 160–162.
55 WS 160–165.
56 GuR 332–338.
57 WS 257.
58 Dazu und zum Folgenden siehe Berg, Bischöfe und Bischofssitze 61–108, Freund, Von den Agilolfingern 45–143, DB 376–407, WS 252–275, GuR 110–138.
59 Reiffenstein, Die althochdeutsche Literatur 610 (Zitat). Haubrichs, Baiern 415 (Kasseler Glossen). GS 241–262 (*theodiscus*).
60 Dazu und zum Folgenden siehe WS 252–275 und GuR 113–122 sowie 170–180.
61 DB 487f.
62 Diesenberger, Könige und Herzöge 329–341.
63 Bischoff, Schreibschulen 2, 58.
64 Splett, Arbeo 105–123.
65 GuR 136–138.
66 DB 398f. ArF a. 781; S. 58 (Quierzy).
67 TF 34; 1, 61f. (Innichen). WS 258f. (Dingolfing).
68 Vgl. dagegen Störmer, Adel 2, 322–327.
69 Berg, Organisation 188, und DB 512f. Vgl. dagegen Freund, Von den Agilolfingern 100f. mit Anm. 353, der wieder zur traditionellen Datierung »um 770« zurückkehrt.
70 TF 35; 1, 65.
71 Störmer, Beobachtungen 109–123.
72 Wolfram, Romania mit Anm. 208–214.
73 Störmer, Die bairischen Klöster 453–457. DB 192–220 (Gründungen Odilos) und 408–464 sowie 512–521 (Gründungen der Tassilozeit). Siehe zuletzt Freund, Von den Agilolfingern 109–112). Zu Müstair siehe Wolfram, Expansion und Integration 251–260.
74 Zum Datum der Verlegung siehe DB 422f.
75 Zu TF 34; 1, 61f., siehe Wolfram, Romania mit Anm. 215–219, sowie die grundlegende Studie von Erich Zöllner, Die Gründung von Innichen 135–171.
76 WS 356–372.
77 Zu D. Kar. I. 169; S. 226f., siehe WS 364 und 379, Z. 5.
78 GuR 130–132.
79 Pohl, Werkstätte 14–16, zu Chronicon Salernitanum c. 84b; S. 511. Vgl. Andreas von Bergamo, Historia c. 3; S. 223, mit Paulus Diaconus, Historia Langobardorum IV 7; S. 108.
80 Berchtold von Kremsmünster, c. 5; S. 641.
81 Forstner, Verbrüderungsbuch 20 Ad 4. Diesenberger, Dissidente Stimmen 110f.
82 Capitulare Baiwaricum. Capitularia n. 69; 1, 159.
83 TF 389; 1, 330, und TF 430; 1, 369.
84 DB 216 mit Anm. 384 nach TR 16; S. 15–17.
85 TF 227; 1, 210, und TF 232 a und b; 1, 214f.
86 TF 193 a und b; 1, 182–185, und TF 366; 1, 312f.
87 Conversio (ed. Wolfram) 153–155.
88 D. LD 80; S. 116f. (857 IV 21).
89 D. Arnolf 163; S. 247–250.
90 Lohmer, Mythos Tassilo 191–210, bes. 198 (Mabillon), 207f. (Frauenchiemsee), 195f. und 209f. (Kremsmünster).
91 Wolfram, Fürstentum Tassilos 157 mit Anm. 4.
92 Siehe etwa Salzburger Nachrichten, 25. Juni 2010, S. 10, und 5. Juli 2014, S. 9.

Personenregister

Die Namen von Tassilo III. u. Karl dem Großen wurden wegen ihrer zu häufigen Nennungen nicht ins Personenregister aufgenommen; ags. = angelsächsisch. Bi. = Bischof. Ebi. = Erzbischof. F. = Fürst. Gf. = Graf. Gem. = Gemahl(in). Hzg. = Herzog. ir. = irisch. K. = Kaiser. Kg. = König. M. = Mutter. pp. = päpstlich. S. = Sohn. T. = Tochter. V. = Vater.

Bildnachweis

Archiv der Erzabtei St. Peter: 17
Bayerisches Hauptstaatsarchiv, München: 82
Dommuseum Salzburg/J. Kral: 110
entnommen aus Joachim Jahn, Ducatus Baiuvariorum. Das bairische Herzogtum der Agilolfinger, Stuttgart: Anton Hiersemann 1991: 54
entnommen aus Wolfram Herwig (Hg.), Österreichische Geschichte 378–907. Grenzen und Räume. Geschichte Österreichs vor seiner Entstehung, Wien: Ueberreuter 1995: 97, 105
https://commons.wikimedia.org: 58 (CC BY-SA 3.0/Dietrich Krieger), 61 (CC BY-SA 3.0/Joadl), 65 (CC BY-SA 3.0/Johann Jaritz), 119 (CC BY-SA 3.0/Ueb-at), 120 (CC BY-SA 3.0/_Aconcagua), 128 (CC BY-SA 3.0 at/Isiwal), 130 (CC BY-SA 3.0 at/Isiwal)
NORDICO Stadtmuseum Linz: 75
Stift Kremsmünster, Kunstsammlungen | Foto: Josef Leithner: 29
ullstein bild – Imagno: 124

Umschlagmotive: vorne: König David im Psalter von Montpellier, 8. Jh. (akg-images/De Augustini: Picture Lib./M. Seemüller); hinten: Tassilo-Kelch (Stift Kremsmünster, Kunstsammlungen)

Bibliografische Information der Deutschen Nationalbibliothek
Die Deutsche Nationalbibliothek verzeichnet diese Publikation in der Deutschen Nationalbibliografie; detaillierte bibliografische Daten sind im Internet über http://dnb.dnb.de abrufbar.

Gutenbergstraße 8 | 93051 Regensburg
Tel. 0941/920220 | verlag@pustet.de

2., durchgesehene Auflage 2024

ISBN 978-3-7917-2792-9
Umschlaggestaltung: www.martinveicht.de
Satz: Vollnhals Fotosatz, Neustadt a. d. Donau
Druck und Bindung: Friedrich Pustet, Regensburg
Printed in Germany 2024

eISBN 978-3-7917-6091-9 (epub)

Unser gesamtes Programm finden Sie unter
www.verlag-pustet.de